EINS PLUS

CPI
Mehr Bäume.
Weniger CO_2.
www.cpibooks.de/klimaneutral

FSC
www.fsc.org
MIX
Papier aus verantwortungsvollen Quellen
FSC® C083411

Raman Mehrzad: Eins plus

Dieses Buch entstand auf Initiative der
Privatschule *Schul-Werkstatt Ebreichsdorf.*

www.edition-a.at

Cover: JaeHee Lee
Gestaltung: Hidsch
Übersetzung aus dem Schwedischen:
Karin Raschhofer-Hauer

Gesetzt in der *Premiera*
Gedruckt in Europa

1 2 3 4 5 — 19 18 17 16

ISBN 978-3-99001-182-9

RAMAN MEHRZAD

Eins plus

Der ultimative Guide für mehr Lernerfolg

edition a

Inhalt

Teil 2 Methoden für die Note Eins in allen Fächern

Vorwort

Willst du nur Einsen im Abschlusszeugnis haben? In diesem Buch erfährst du, wie du das schaffen kannst! Du musst dafür nicht cleverer sein als die meisten anderen, du musst nicht aus der richtigen Familie kommen oder eine Vorgeschichte haben, in der du super in der Schule warst. Deine Reise zu guten Noten beginnt jetzt, genau in diesem Augenblick, in dem du dich entschlossen hast, dieses Buch zu lesen.

Ich werde dir Schritt für Schritt zeigen, was du tun musst. Du wirst lernen, wie du dir Ziele steckst und wie du dich motivierst, darum zu kämpfen, sie auch wirklich zu erreichen. Außerdem werde ich dir zeigen, wie du planst und Prioritäten setzt, wie du mit deinen Lehrern und Schulfreunden zurechtkommst und wie du dich bei Prüfungen verhalten sollst. Du wirst auch lernen, wie wichtig es ist, dass du dich um deinen Körper kümmerst. Denn ohne gute physische Verfassung hast du deutlich weniger gute Chancen, in der Schule erfolgreich zu sein. Schließlich zeige ich dir, wie du deine Merkfähigkeit verbessern kannst. Und ich verrate dir meine bewährten Methoden für effektives Lernen.

Viele Schüler glauben, dass sie nicht intelligent genug sind, um gute Noten zu bekommen und in der Schule erfolgreich zu sein. Doch die meisten von ihnen wissen bloß nicht, wie sie's anstellen sollen. Ich will dir zeigen, wie es geht!

Was du aus meinem Buch lernen kannst, wird dir kaum jemand anderer sagen. Ich verrate dir die ganze Wahrheit.

Viele Menschen wollen nicht, dass es hart und mühsam sein soll zu lernen, und tun deshalb so, als ob es das nicht wäre. Aber damit machen sie dir etwas vor! Ich werde ehrlich sein und dir genau sagen, wie es ist. Du hast keine Chance auf Top-Noten, wenn du faul bist und einfach nur so in den Tag hinein lebst. Du musst super fokussiert sein. Du musst auf einiges verzichten, du wirst manchmal kämpfen müssen, auch wenn du deine Hausübungshefte am liebsten an die Wand schleudern würdest. Du entscheidest: Nimmst du die Schule leicht, hast du schlechtere Zukunftsaussichten. Dann kannst du aber auch niemandem anderen die Schuld dafür geben.

Meine Methoden sind vielfach erprobt. Sie sind zugeschnitten auf alle Schüler und seit der ersten Ausgabe meines Buches in zahlreichen Schulen erfolgreich angewendet worden. Erspar dir den Schock, dass in dem Studium oder der Berufsausbildung, die du nach der Schule beginnen möchtest, bessere Noten gefordert sind, als du sie hast. Sieh zu, dass du nicht gezwungen bist, dich mit einer Zweit- oder Drittwahl beim Studium oder in deinem zukünftigen Berufsleben zufriedenzugeben. Die Frage ist: Willst du für den Rest deines Lebens einen Job haben, in dem du dich nicht wohlfühlst und am Ende jedes Monats ein Gehalt bekommst, bei dem du heulen könntest? Oder hast du dich entschlossen, später genau das zu machen, wovon du träumst? Wenn du die letzte Frage mit »Ja!« beantwortest, ist es an der Zeit, den Sicherheitsgurt anzulegen, denn nun beginnt eine harte Reise. Eine Reise, die dir Einsen in allen Fächern bringen wird!

TEIL 1

MOTIVATION, PLANUNG UND DIE RICHTIGE EINSTELLUNG

1. Nimm deine Zukunft in die Hand

In diesem Kapitel werde ich dich ordentlich herausfordern. Ich werde das meiste, woran du bisher geglaubt hast, auf den Kopf stellen. Ich werde dir erzählen, wie du deine Chancen maximierst, um in Zukunft genau den Job zu bekommen, von dem du träumst. Ich habe aber nicht vor, dich zu belügen oder die Wahrheit zu verschleiern. Wenn du wirklich in allen Fächern gute Noten haben willst, musst du bereit sein, dafür zu kämpfen – beinhart!

_ Du musst kein Genie sein, um es zu schaffen

Du musst nicht der Cleverste der Welt sein, um an die Spitze zu kommen. Ich selbst bin nicht unintelligent, aber ich bin auch kein Einstein. Trotzdem habe ich bereits in jungen Jahren Fantastisches erreicht. Wenn ich das kann, kannst du es auch!

Der entscheidende Unterschied zwischen mir und vielen anderen ist mein starker Wille. Alle, die mich kennen, wissen, dass ich Dinge auf die Reihe bekomme. Ich bin ein richtiger »Bewerkstelliger«. Komme ich unter Druck, sage ich mir: Vielleicht sind andere cleverer, geschickter oder talentierter als ich, aber sie werden mich nie besiegen! Sie haben nicht meinen Hunger, meinen inneren Antrieb und meine Fähigkeit, mir Ziele zu setzen und sie zu erreichen.

Du musst es also schaffen wollen. Andere Dinge in deinem Leben werden keine Rolle spielen – weder wer du bist, noch wie clever du bist, welchen Background du hast, ob du Unterstützung von deinen Eltern, Geschwistern oder Freunden hast oder nicht. Du wirst dich darauf konzentrieren, dein Ziel zu erreichen. Und glaube mir: es ist beinah unmöglich, jemanden zu schlagen, der niemals aufgibt!

Glaubst du, ich war der Cleverste unter all den Tausenden von Ärzten, die sich um einen Job in Harvard oder in der Mayo Klinik in den USA beworben haben – in zwei der besten Universitätskrankenhäuser der Welt? Absolut nicht! Ich konkurrierte ja mit den besten Ärzten aus den besten Schulen in China, Indien, Korea, Deutschland, Frankreich, England und anderen Ländern. Wir sprechen von Personen mit einem IQ von über 150. Das sind Menschen, die ein Buch mit tausend Seiten ein einziges Mal lesen und neunzig Prozent des Inhalts behalten. Wir sprechen von hungrigen, ehrgeizigen Doktoren mit ausgezeichneten Qualifikationen.

Als ich mich in Harvard und der Mayo Klinik bewarb, musste ich wochenlang sehr anstrengende Interviews machen. Ja, ich habe geweint. Ja, ich war gestresst. Ich habe zu wenig geschlafen und schlecht gegessen. Es war unglaublich hart, aber ich habe nie aufgegeben und ich habe mich von niemandem einschüchtern lassen. Es ist mir egal, wenn jemand zwanzigtausend Qualifikationen mehr hat als ich – er oder sie kommt trotzdem nicht annähernd an meinen Hunger heran. Genau so musst du auch denken! Nenn es

Motivation, Inspiration, treibende Kraft oder wie du willst. In diesem Leben kommt es darauf an, den Funken und den Willen zu besitzen, etwas Größeres zu schaffen.

DU BIST ES, DER BESTIMMT, WIE DEIN LEBEN IN FÜNFZEHN JAHREN AUSSEHEN SOLL

_ Du musst auf anderes im Leben verzichten

Manchmal höre ich Schüler sagen, dass sie gute Noten haben wollen, in die oder die Ausbildung hineinkommen oder einmal einen guten Job haben wollen. Das Problem dabei ist nur, dass sie das meist nicht stark genug wollen. Noch lieber amüsieren sie sich, treffen Freunde, sehen einen Film an oder spielen ein Computerspiel. Willst du wirklich erfolgreich sein, musst du auf manches verzichten. Du wirst das Spielen, das Surfen im Netz oder das Herumhängen mit Kumpeln streichen müssen.

Klingt das hart? Das ist es auch! Sicher werden viele finden, dass das, was ich hier schreibe, hart oder übertrieben klingt. Aber die meisten Menschen, die etwas im Leben erreicht haben, wissen: Man muss extrem zielgerichtet sein, um dorthin zu gelangen, wo man hin will. Zeitweise fordert das große Opfer, aber denk dran, dass die Opfer nur vorübergehend sind. Willst du etwas erreichen, musst du manchmal durch richtig harte Zeiten gehen. Die Belohnung für deine Schufterei kommt später. Du wirst noch so viel Zeit haben, schöne Momente zu erleben, wenn du erst am Ziel bist – besonders, wenn du jeden Tag deinem Traumjob nachgehen darfst!

_ Es gibt keine Abkürzung zum Erfolg

Ich lache jene aus, die glauben, dass sie ohne Anstrengung gute Noten bekommen können. Das ist nicht nur eine Lüge, das ist einfach falsche Propaganda. Denn du kannst nicht erfolgreich sein, wenn du dich zurücklehnst und die Dinge erst im letzten Moment machst. Es gibt keine Tricks, die deine Faulheit kompensieren. Erfolg beginnt in der Schule – hier legst du den Grundstein dafür, als Mensch wachsen zu können, Qualifikationen aufzubauen und schlussendlich den Job und das Leben zu bekommen, von dem du träumst. Aber deine Ziele zu erreichen, erfordert Planung, Ehrgeiz, richtiges Denken, die richtige Einstellung sowie die innere Überzeugung, dass du es schaffst. Je schneller du damit beginnst, desto besser. Erst dann wirst du die Zeit wirklich aufwenden wollen, die es dafür braucht. Es wird nicht leicht sein, aber zwei Dinge kann ich dir versprechen: Es ist wirklich möglich, in allen Fächern der Beste zu sein, und es wird die Sache garantiert wert gewesen sein!

_ Faulheit lässt sich überwinden

Redest du dir ein, dass du faul bist und deshalb keine guten Noten bekommen kannst? Tu das nicht! Faulheit lässt sich überwinden. Es kommt vor, dass ich als Arzt Menschen mit Diabetes, hohem Blutdruck oder Herz- und Gefäßkrankheiten davon überzeugen muss, dass sie ihre Essgewohnheiten ändern müssen, um länger leben können. Genau so bitte ich jetzt dich, deine Faulheit zu überwinden, damit du eine bessere Zukunft hast. Eine gleichgültige Einstellung zur Schule ist mit Erfolg nicht vereinbar. Wenn ein Diabetes-Patient seine Situation verstehen kann, kannst du doch auch deine verstehen, oder? Stell dir vor, du stehst an einer Weggabelung: Der eine Weg ist voller Steine, hat viele Anstiege und führt zu einer leuchtenden Zukunft. Der andere ist gerade und sonnig, führt aber in eine düstere Zukunft. Welchen Weg nimmst du? Du wählst doch nicht den Weg ins Dunkel, nur weil er eben und sonnig ist? Nein, du nimmst selbstverständlich den schwereren Weg, der dich dorthin führt, wo du hin willst.

Faulheit ist nur das Gefühl, dass etwas anstrengend ist, das lässt sich mit ein bisschen Willen überwinden. Sobald sich etwas anstrengend anfühlt, solltest du dir daher sagen: »Das ist nur ein Gefühl, und ich werde nicht zulassen, dass ein vorübergehendes Gefühl meine Zukunft zerstört!« Als ich aufs Gymnasium ging, gingen achtzig Prozent meiner Zeit dafür drauf, Dinge zu tun, die ich nicht tun wollte. Aber als ich meine Ziele erreicht hatte, kehrte sich dieser Prozentsatz um. Jetzt kann ich in achtzig Prozent der Zeit genau das tun, was ich will!

EHRGEIZ UND WILLEN SCHLAGEN
TALENT BEINAH IMMER

_ Ideen wachsen nicht auf Bäumen

Ich höre Jugendliche oft sagen: »Man muss keinen Schulerfolg haben, um erfolgreich zu sein, sieh dir Bill Gates an, er hat nicht einmal seinen Abschluss geschafft.« Ja, wenn du glaubst, dass du eine so große Idee wie *Microsoft, Google, Facebook* oder *Twitter* hast, dann musst du in der Schule vielleicht wirklich nicht gut sein. Aber wie viele Schüler auf der Welt, glaubst du, werden so revolutionäre Ideen haben wie Bill Gates? Außerdem kann ich dir verraten, dass die Gründer der meisten erfolgreichen Unternehmen tatsächlich in gute Schulen gegangen sind. Mark Zuckerberg und Bill Gates haben beide in Harvard studiert. Um dort aufgenommen zu werden, muss man beinhart kämpften, gute Noten und viele andere Fähigkeiten mitbringen.

Entscheidend für umwälzende Ideen ist das Milieu, in dem wir uns täglich befinden. Innovative Menschen werden dir sagen, dass die meisten Ideen durch Erfahrungen entstehen und nicht zuletzt durch Analysen und den Einfluss der Umgebung. Ideen wachsen also nicht auf Bäumen.

Ich bin zum Beispiel sicher, dass Gates' oder Zuckerbergs Erfahrungen aus Harvard die Inspiration zu ihren erfolgreichen Konzepten lieferten. Sie waren in einer Umgebung, in der sie eine Unmenge an wichtigen Dingen lernen konnten. Das gilt auch für dich. Gerade die Schule wird eine sehr große Bedeutung haben, egal was du weiter im Leben vorhast. Du kannst natürlich Glück haben, im richtigen Milieu landen und einen fantastischen Job bekommen, obwohl du in der Schule nicht so gut warst. So etwas gibt es manchmal. Aber wenn ich in deiner Haut stecken würde, würde ich niemals meine Zukunft riskieren und es einfach nur darauf ankommen lassen, vielleicht Glück zu haben. Besonders dann nicht, wenn nur zwei Dinge von dir verlangt werden: harte Arbeit und das Wissen, wie du richtig lernst. Dieses Wissen bekommst du in meinem Buch, aber arbeiten musst du selbst!

_ Eine gute Ausbildung ist das Beste, was es gibt

Du hast sicher schon eine Menge Menschen seufzen und sagen gehört: »Ach, ich wünschte, ich hätte in der Schule mehr gelernt!« Das können deine Eltern sein, ein Verwandter oder jemand anderer; Menschen, die wissen, dass sie ein völlig anderes Leben hätten haben können, wenn sie sich eine bessere Ausbildung verschafft hätten. Jetzt bereuen sie es! Deshalb wollen sie dich warnen, damit du nicht in dieselbe Falle tappst wie sie. Wenn sie dir diese Information schon so großzügig anbieten, wäre es wohl ganz schön dumm, sie nicht anzunehmen, oder?

Wenn du dagegen Menschen fragst, die in der Schule wirklich hart gearbeitet haben, werden sie dir sagen, dass das die beste Entscheidung war, die sie je getroffen haben. Sie werden dir bestätigen, dass es all das Herzblut wert war, all den Schweiß und all die Tränen. Der Weg dorthin war mühevoll, aber er war jede Sekunde wert. Dasselbe wirst du selbst in zehn bis zwanzig Jahren sagen, wenn du meinen Ratschlägen folgst!

_ Atme tief durch und bleib cool!

Vielleicht klingt das, was ich sage, verwirrend und es stresst dich. Aber denk dran, dass Rom auch nicht an einem Tag erbaut wurde. Du musst nur jeweils einen Tag nach dem anderen nehmen – du sollst nicht morgen Direktor bei *Apple* sein. Jetzt sollst du einmal nur deinen Willen wecken. Solange du den Willen hast und kämpfst, kommt der Rest von selbst. Du musst auch nicht gleich von vornherein exakt wissen, wie du an dein Ziel kommst. Du wirst den Weg sehen, sobald du beginnst, auf ihm zu gehen.

DU MUSST NICHT GLEICH VON VORNHEREIN EXAKT WISSEN, WIE DU AN DEIN ZIEL GELANGST. DER WEG KLÄRT SICH NACH UND NACH

Stell dir vor, du fährst mit dem Auto in der Dunkelheit und siehst nur fünfzig Meter weit. Die Windungen des Weges und eventuelle Hindernisse zeigen sich erst nach und nach, und da weichst du aus, bremst dich ein bisschen ein oder gibst Gas. Das geht wunderbar, obwohl du nicht den ganzen Weg von Anfang an gesehen hast. Genauso wirst du dein Ziel erreichen, obwohl du nicht klar zehn bis zwanzig Jahre vorausblicken kannst. Du weißt nicht exakt, wie du dorthin kommen wirst – das weiß niemand. Aber es reicht, dass du wirklich dorthin kommen willst. Der Weg wird dir nach und nach klar werden. Vertrau mir!

_ Denk positiv

Es erfordert viel, in allen Fächern gut zu sein. Aber auch wenn es hart wird, solltest du den Kopf immer hoch tragen und niemals aufgeben. Du kennst deine Belohnung. Du weißt, welche Möglichkeiten dir gute Noten bringen. Mach dich bereit, zu kämpfen, bis du dein Ziel erreicht hast, und höre keine Sekunde vorher auf. Denk auch daran, dass die Dinge tendenziell nacheinander passieren: Der eine Erfolg öffnet die Tür für den nächsten und so weiter. Deshalb musst du dich schon jetzt mental darauf vorbereiten, dass du dafür kämpfen wirst, und auch sofort damit beginnen, von Tag eins an. Fang damit an, dass du deine Gedanken an die Schule von allem Negativen befreist und denk positiv! Dann bekommst du die Energie, die du brauchst. Du hast ein Gehirn, das im Großen und Ganzen genauso funktioniert wie das aller anderen. Benütze es! Ich werde dir helfen, indem ich dir die perfekten Tipps gebe, wie du dir in allen deinen Fächern Einsen holst. Lehn dich also einen Moment zurück und stell dir vor, wie schön es sich anfühlen wird, etwas zu erreichen, was du nie für möglich gehalten hast. Genau! Das hier kann der Beginn von etwas ganz Großem werden. Wirklich, du brauchst kein Genie zu sein, um die Schule mit lauter Einsern abzuschließen!

Zusammenfassung

Nimm deine Zukunft in die Hand

- Es hängt alles vom Willen ab. Hast du den Willen, spielt es keine Rolle, was oder wer vor dir steht. Bist du bereit, hart zu arbeiten, kann dich niemand stoppen!
- Ehrgeiz und Willen schlagen Talent beinah immer.
- Es gibt keine Umwege zum Erfolg. Lass dich nicht täuschen von denen, die sagen, dass du erfolgreich sein kannst, ohne beinhart dafür zu arbeiten. Faul sein und einfach nur darauf zu hoffen, es zu schaffen, ist kein gangbarer Weg.
- Faulheit ist nur ein Gefühl und absolut kein Charakterzug. Du kannst deine Faulheit überwinden, indem du die Methoden aus diesem Buch anwendest.
- Auch wenn es manchmal hart ist, wirst du dir später einmal selbst für all das danken, was du geopfert hast, um dein Ziel zu erreichen.
- Nimm einen Tag nach dem anderen. Du musst nicht morgen schon Weltspitze sein. Du wirst den Weg nach und nach erkennen!
- Denk positiv! Die Schule ist dein Weg zu Erfolg und Freiheit und sie ist der Schlüssel zu einem besseren Leben.

2. Motivation

Wir werden davon motiviert, dass wir einen Gewinn in dem sehen, was wir tun. Handelt es sich um die Schule, kann das schwer sein, da die Zukunft oft so unendlich weit entfernt scheint. Du bekommst hier und jetzt auch nicht besonders viel Belohnung für deine Schinderei. Aber wenn du dir das Ziel immer vor Augen hältst, findest du die Motivation. Es geht darum, den langfristigen Nutzen in all dem zu sehen, was du tust.

_ Wie schafft man sich Motivation?

Stell dir vor, dass jemand aus deiner Familie plötzlich an einer ernsthaften Krankheit erkrankt. Stell dir vor, dass nur du diese Krankheit heilen kannst. Um das zu schaffen, musst du sechs Monate lang einen Kurs mit einer abschließenden Prüfung besuchen. Wenn du die Prüfung nicht schaffst, wird dein Familienmitglied nicht überleben. Wie würdest du dich fühlen in einer solchen Situation? Ich wette, du würdest alles tun, was in deiner Macht stünde, um den Kurs zu schaffen. Alles andere wäre völlig bedeutungslos. Selbst wenn es schwierig und nur schwer zu schaffen wäre, würdest du es versuchen. Weil dein Ziel – deinem Familienmitglied das Leben zu retten – die ganze Zeit allem anderen übergeordnet wäre. Und auch wenn dir die Umstände nicht gefallen würden, würdest du denken, dass du es einfach schaffen musst.

Genau das ist Motivation. Das Prinzip ist bei deiner Schullaufbahn dasselbe: Siehst du das Ziel klar vor dir – dass du eine leuchtende Zukunft haben wirst mit guten Möglichkeiten, dein Leben zu gestalten –, schaffst du es auch, beinhart dafür zu arbeiten, in der Schule Top-Noten zu bekommen. Du musst ganz einfach die richtige Einstellung haben und das richtige Denken. Dafür musst du nach vorne schauen und für dein Ziel kämpfen.

_ Das Ziel ist deine Belohnung

Du bist motiviert, wenn du das Ziel als deine Belohnung siehst. Du findest es vielleicht nicht besonders lustig, Hausübungen zu machen, Mathe-Aufgaben zu lösen oder Aufsätze zu schreiben, wenn du stattdessen mit Freunden unterwegs sein, shoppen, Computer spielen oder fernsehen könntest. Aber wenn du den Fokus die ganze Zeit darauf gerichtet hältst, was für dich auf lange Sicht gut ist, wird es leichter, kurzfristig weniger Spaß zu haben. Die Frage ist: Willst du es dir jetzt gutgehen lassen und das Leben genießen oder willst du eine fantastische Zukunft?

Ich gebe dir ein Beispiel dafür, wie du eine anstrengende Situation in etwas Positives verwandeln und dich motivieren kannst: Stell dir vor, dein Papa bittet dich, den Müll hinauszubringen. Das Gebäude mit dem Müllraum liegt ein gutes Stück entfernt und draußen stürmt und schneit es. Du machst, was dein Papa sagt, gehst aber mit trotzigen Schritten und kümmerst dich nicht im Geringsten darum, dass dabei eine Menge Mist aus den Säcken herausfällt. Du denkst einfach nur: »Ich hasse diese Arbeit!« Am Müllraum angelangt, wirfst du die Säcke unsortiert und schlecht gelaunt in eine der Mülltonnen. Du wirst zugeben, dass das kein guter Einsatz war, oder? Das Problem war, dass du nicht der Meinung warst, dass dir das Müllrausbringen etwas bringt. Du warst nicht motiviert und unmotivierte Handlungen schaffen negative Energie.

Tatsächlich hättest du die Situation jedoch dadurch, dass du dich motiviert hättest, zu etwas ganz anderem machen können. Du hättest denken können: »Ok, es wird mir guttun, mich ein bisschen zu bewegen und frische Luft zu bekommen, nachdem ich so lange vor dem Fernseher herumgehangen bin.« Noch etwas ganz anderes wäre es gewesen, wenn dein Papa gesagt hätte, dass ihr danach Pizza essen gehen würdet. Dann hättest du dich sicher beeilt, um schnell wieder daheim zu sein, bereit für deine Belohnung. Motivation wird also dadurch erzeugt, dass du einen Gewinn in einer bestimmten Handlung siehst.

MOTIVATION WIRD DADURCH GESCHAFFEN, DASS MAN EINEN GEWINN IN EINER BESTIMMTEN HANDLUNG SIEHT

_ Bleib auf den langfristigen Nutzen fokussiert

Prüfungen, Hausübungen, Schularbeiten und das Lernen können wie eine ewige Last sein. Warum solltest du deine Zeit mit ermüdender Arbeit für die Schule verbringen – du bekommst ja doch hier und jetzt keine Belohnung dafür? Das Gehirn will am liebsten rasche Belohnung haben. Aber vergiss nicht, dass Belohnungen, die du hier und jetzt erhältst, oft das Leben auf lange Sicht verschlechtern. Sicher gibst du zu, dass es dir auf lange Sicht mehr bringt, wenn du auf die Schule setzt, als wenn du dich nur dem widmest, was du hier und jetzt gerne tust. Wie kann es dann sein, dass die Schule so vielen Schülern egal ist? Ja, das liegt eben daran, dass die Belohnung so weit weg scheint. Die sofortige Belohnung bleibt ja in der Regel aus. Mit Kumpeln herumhängen, ein wenig schlafen oder einen guten Film sehen scheint daher viel bequemer. Auch wenn dir dein Verstand sagt, dass du die Früchte deines Fleißes in der Zukunft einfahren wirst, scheint das im Moment doch weit entfernt.

Es ist ganz allein deine Sache, wie du später einmal leben willst. Wenn du dich dafür entscheidest, schöne Dinge hier und jetzt zu tun statt zu pauken und zu kämpfen, hast du deinen zukünftigen Traumjob bereits dankend abgelehnt. Deshalb möchte ich dich wirklich bitten, bei allem, was du tust, den Fokus auf den langfristigen Nutzen zu richten. Nimmst du diese Herausforderung an, bist du wirklich weit gekommen. Denk dran, dass du mit Top-Noten auf dem

Gymnasium gute Chancen auf einen richtigen Traumjob hast. Außerdem – wenn du erfolgreich warst, wirst du alle Zeit der Welt haben, dich zu amüsieren.

_ Gesteh der Schule ein paar Jahre deines Lebens zu

Ich verrate dir ein Geheimnis: Es ist nicht schwer, Erfolg in der Schule zu haben! Du musst nur die richtige Einstellung haben und die Belohnung deutlich vor dir sehen. Dann landet jedes Puzzle-Teilchen, eines nach dem anderen, auf dem richtigen Platz. Und während du dieses Buch hier liest, wirst du merken, wie du langsam, aber sicher beginnst, deine Einstellung zu ändern. Mach dir bewusst, dass es sich nur um einige wenige Jahre deines gesamten Lebens handelt, in denen du wirklich kämpfen sollst. Wenn du daran denkst, wird es leichter, kurzfristig auf lustigere Dinge zu verzichten. Außerdem werden deine Erfolge zu einem Domino-Effekt führen: Zuerst gelingt dir eine Prüfung richtig gut, dann die nächste, und am Ende hast du gute Noten im Abschlusszeugnis. Das wird dann dein Türöffner zu begehrten Ausbildungen und zu deinem Traumjob sein.

_ Gib dich nicht mit einer Zweitwahl zufrieden

Viele Schüler wählen ihre Studienrichtung an der Universität danach aus, was sie wählen können, und nicht danach, was sie wählen wollen. Sie denken: »Ach, ich nehm einfach diese hier, die klingt doch ganz cool.« Aber oft ist das überhaupt nicht das, was sie im Innersten tun wollen. Sie haben einfach nicht die Qualifikationen, etwas anderes zu machen. Willst du dich mit einer Zweit- oder Drittwahl zufriedengeben? Nein, das willst du natürlich nicht. Das will niemand! Wenn du mit guten Noten von der Schule abgehst, kannst du im Prinzip werden, was du willst. Du kannst Jurist werden, Arzt, Journalist oder Psychologe, wenn du von einem dieser Berufe träumst. Und selbst wenn du dich um eine Ausbildung mit weniger hohen Aufnahmebedingungen bewirbst, hast du die Noten, mit denen du dir später etwas anderes suchen könntest, wenn du das einmal willst. Außerdem braucht man Kenntnisse in jedem Beruf – Kenntnisse, die du garantiert hast, wenn du in der Schule gut warst.

Wenn du kein so umwerfendes Talent hast, dass es gleichsam um dich herum leuchtet, sobald du einen Raum betrittst, ist es heutzutage schwer, erfolgreich zu sein. Es wäre sogar schwer, wenn du eine solche Begabung hättest, denn es gibt eine Million Menschen dort draußen, die um dieselbe Stelle wetteifern. Aber wenn du, statt dich auf deine Begabungen zu verlassen, mit ganzem Herzen auf die Schule setzt, maximierst du deine Chance, genau das zu bekommen, was du willst.

_ Du kannst mehr als du glaubst

Erinnerst du dich an das Beispiel mit dem kranken Familienmitglied? Damit wollte ich zeigen, dass wir wirklich viel schaffen können, wenn es die Situation erfordert. Ganz plötzlich kommst du von dort, wo du geglaubt hast, gar nichts zu schaffen, dorthin, wo du beinah alles schaffen kannst, egal was. Aber warum muss es erst zu einer so kritischen Situation kommen, wie der, dass jemand zu sterben droht, damit du deine inneren Ressourcen freisetzen kannst? Stell dir vor, du könntest einfach zu dir sagen: »Das krieg ich jetzt hin!«. Ohne dass jemand in Todesgefahr schwebt. Das wäre doch viel besser, oder?

Du kannst mehr als du glaubst. Du kannst erfolgreich sein, so wie du jetzt im Moment bist. Wenn du dir selbst die richtige Art von Druck machst, fängst du an, in Bahnen zu handeln und zu denken, die du nicht für möglich gehalten hättest. Einen solchen Druck kannst du dir selbst machen, indem du dich daran erinnerst, wie du in einer Krisensituation gehandelt hättest. Da hättest du ja auch beinhart gekämpft, auf Leben und Tod. Da hättest du sofort die Motivation, die richtige Einstellung und das richtige Denken! Du hättest die Belohnung und den Nutzen gesehen. Nimm nun diese Haltung an und fang an zu handeln, als ob du unter Druck wärst. Denk dir, dass du einfach ab jetzt pauken und Einsen in allen Fächern bekommen musst.

WENN DU DIR SELBST DIE RICHTIGE ART VON DRUCK MACHST, BEGINNST DU IN BAHNEN ZU HANDELN UND ZU DENKEN, DIE DU NICHT FÜR MÖGLICH GEHALTEN HÄTTEST

Es gibt viele Beispiele für Situationen, in denen jemand plötzlich einen neuen Weg einschlägt. Menschen kommen zum Arzt und erfahren, dass sie sterben werden, wenn sie nicht aufhören zu rauchen oder Junkfood zu essen. Plötzlich wird ihnen der Ernst der Lage bewusst und sie beginnen, ihre Gewohnheiten radikal zu ändern. Aber eigentlich ist nichts verändert worden. Die Person, die vom Arzt gewarnt worden ist, ist genau dieselbe Person, die sie vor dem Arztbesuch gewesen ist. Stell dir vor, wie gut es gewesen wäre, wenn sie ihre inneren Ressourcen erkannt hätte, bevor es soweit gekommen wäre!

Du weißt, dass es gut ist zu lernen und gute Noten zu bekommen. Du weißt, dass du nicht fünfundzwanzig oder dreißig und arbeitslos sein willst, in schlechter finanzieller Lage und mit fehlenden Möglichkeiten in deinem Leben. Hast du die Motivation, zeig ich dir, wie du es schaffen kannst, in allen Fächern richtig gut zu sein. Aber das erfordert Zusammenarbeit: deinen Kampfgeist und meine Wegbegleitung.

Schreib folgende Punkte auf ein Blatt Papier und sieh sie dir an sooft du kannst. Finde deine eigene Antwort darauf, aber geh von meinen Beispielen aus:

EINSTELLUNG Beispiel: Ich will erfolgreich sein und möchte, dass meine Zukunft gelingt. Deshalb entscheide ich mich, hart zu arbeiten und einige Jahre zu schuften, um danach gut leben zu können und das meiste zu erreichen, was ich mir im Leben wünsche. Ich werde den langfristigen Nutzen in allem, was ich tue, schätzen, statt momentane Belohnungen vorzuziehen.

MOTIVATION UND BELOHNUNG Beispiel: Ich werde gute Noten bekommen, ich werde den Job bekommen, von dem ich träume, ich werde so gut verdienen, dass ich super Sachen in meiner Freizeit machen kann, ich werde unheimlich tüchtig sein, ich werde hohes Ansehen genießen, ich werde viele Möglichkeiten haben.

ANFORDERUNGEN Beispiel: Ich werde alles tun, was nötig ist, um gute Noten zu bekommen, ich werde viel Zeit und Kraft ins Lernen investieren, auch wenn das manchmal hart sein wird.

Zusammenfassung

Motivation

- Du musst selbst die Motivation fürs Lernen finden. Wenn du die Motivation erst gefunden hast, bekommst du einen inneren Antrieb, der dir vorwärts hilft.
- Motiviere dich, indem du die langfristige Belohnung erkennst.
- Lass dich nicht beirren von momentanen Belohnungen. Wende deine Zeit für Dinge auf, die einen langfristigen Nutzen für dein Leben haben. Versuche, langsam, aber sicher unnötige Dinge wegzulassen, die nur Zeit fressen und auf lange Sicht keinen Wert haben.
- Stell dich darauf ein, dass es anstrengend sein wird auf dem Gymnasium, dass es sich aber nur um einige wenige Jahre handelt. Danach kannst du verschnaufen und machen, was du willst!
- Fang sofort an. Du hast keine Zeit zu verlieren. Beginn von Tag eins an dich anzustrengen!
- Zieh das Sichere dem Unsicheren vor. Sogar wenn du eine einzigartige Begabung hast, ist es besser, auf eine Ausbildung zurückgreifen zu können, falls die Dinge nicht nach Plan laufen. Du solltest dich nicht mit einer Zweitwahl zufriedengeben müssen.
- Wenn du auf die Schule setzt und gute Noten bekommst, bleibt es dir erspart, zwischen Ausbildungen wählen zu müssen, die dich eigentlich gar nicht so interessieren.
- Ein Mensch, der unter ausreichend großem Druck steht, kann alles erreichen. Diese Fähigkeit kannst du dir zunutze machen, ohne dass es dafür negativen Druck von außen auf dich geben muss. Du kannst viel mehr als du glaubst. Nütze deine inneren Ressourcen!

3. Ziel und Teilziele

Ohne ein klares Ziel verlierst du den Fokus. Viele Menschen haben unklare Ziele in ihrem Leben. Das ist oft der Grund dafür, dass sie Dinge nicht so gut schaffen. Du musst also dein Ziel definieren. Hast du das gemacht, solltest du dein Hauptziel auch noch in Teilziele aufteilen, sodass du eines nach dem anderen angehen kannst.

_ Das große Bild teilen

Jahrhundertelang träumten Wissenschaftler davon, zum Mond zu fliegen. Aber wenn du sie gefragt hättest, ob sie das für durchführbar halten, hätten die meisten von ihnen gesagt: »Nein, unmöglich!« Das Ziel, zum Mond zu fliegen, schien so groß und mächtig, dass man in diesen Bahnen kaum zu denken wagte – man war noch nicht bereit dafür, hatte weder die Voraussetzungen noch die nötigen Kenntnisse. Aber Dinge, die heute unmöglich erscheinen, können morgen absolut möglich sein. Deshalb solltest du dich stets davor hüten, etwas für unmöglich zu halten.

HÜTE DICH STETS DAVOR, ETWAS FÜR UNMÖGLICH ZU HALTEN!

Aber ehe der erste Mensch so weit sein sollte, seinen Fuß auf den Mond zu setzen, musste nicht einfach nur eine Rakete herbeigezaubert und auf ein paar Knöpfe gedrückt werden. Die Forscher sahen ein, dass sie das Hauptziel (auf dem Mond zu landen) in kleinere Teilziele splitten mussten. Enorme Vorbereitungen und zahlreicher Kenntnisse waren notwendig: Man musste den Abstand berechnen, die Bedingungen auf dem Mond erforschen, herausfinden, welche Mittel notwendig sein würden, dorthin zu gelangen, Astronauten dafür trainieren, eine Rakete bauen und vieles andere mehr. Bis Neil Armstrong 1969 seine ersten Schritte auf der Mondoberfläche machte, mussten eine ganze Reihe von Teilzielen erreicht werden.

Dasselbe gilt für dich in der Schule. Du musst das übergeordnete Ziel in kleinere Teilziele teilen. Du musst Prüfungen ablegen und Referate halten, im Unterricht aktiv mitarbeiten und schriftliche Arbeiten abgeben. All diese Teilziele auf dem Weg zum Hauptziel fordern eine Menge Vorbereitungen. Auf diese Weise näherst du dich deinem Ziel schrittweise, Tag für Tag mehr.

_ Definiere dein Hauptziel

Der erste Schritt ist, dein Hauptziel zu definieren. Du weißt vielleicht nicht genau, wie das Ziel aussieht oder was es sein könnte. Vielleicht antwortest du, dass du glücklich sein willst. Aber was bedeutet glücklich sein für dich? Gesund sein? Erfolg haben? Geld? Einen guten Job? Ein geruhsames Leben?

Definiere dein Hauptziel detailliert und denk darüber nach, was gerade du in diesem Leben willst. Kümmere dich nicht darum, was andere haben wollen oder vorhaben. Du bist ein eigenes Individuum und hast persönliche Bedürfnisse, die du befriedigen möchtest. Die Wahl eines Wegs, die ein Mensch trifft, muss nicht die beste für den anderen sein. Vergiss das nie! Nimm dir Zeit dafür, dein Ziel zu definieren, und schreib es ruhig auf einen Zettel, damit du es dir oft ansehen kannst.

Wenn du dein übergeordnetes Ziel definiert hast, solltest du dich nach seinem *Zweck* fragen. Denk kritisch: Warum willst du gerade das erreichen? Ist das deine Leidenschaft? Bist du wirklich interessiert an dieser Sache? Wird dich das glücklich machen? Wenn du beginnst, den Zweck deines Ziels zu hinterfragen, kann es passieren, dass du entdeckst, dass das Ziel ganz bedeutungslos war. Oder es wird dir damit auch erst bewusst, wie sehr du es dir eigentlich wünscht. Nehmen wir das Beispiel Noten: Viele würden sagen, dass ihr Zweck der ist, dass sie später einmal einen guten Job haben oder eine attraktive Ausbildung machen können. Das sind konkrete und klare Gründe. Aber es gibt auch undurchdachte Gründe. Viele können zum Beispiel nicht klar definieren, warum sie gute Noten haben möchten. Vielleicht sagen sie, sie möchten sie deshalb, weil ihre Eltern das wollen. Andere sagen, dass sie sich »einfach nicht mit weniger zufriedengeben«. Mit solchen, ein wenig undeutlichen und unpersönlichen Gründen, wirst du in harten Zeiten schwer den Fokus behalten.

_ Welche Schritte musst du auf das Hauptziel hin machen?

Hast du dein Ziel gut definiert und analysiert, beginnt die Schwerarbeit. Jetzt ist es an der Zeit, dein Ziel in Teilziele und danach in noch kleinere Teilziele aufzuteilen. Schreib dir auf, welche Schritte erforderlich sind, um dein Hauptziel zu erreichen, und wie diese Schritte organisiert werden können. Auf diese Weise stellst du Teilziele auf, die dich zu deinem Hauptziel bringen. Wenn wir zu dem Beispiel mit dem kranken Familienmitglied zurückkehren, dann wäre dein Ziel, das Leben dieser Person zu retten. Deine verschiedenen Teilziele wären:

1. den entsprechenden Kurs zu besuchen,
2. alles zu lernen, was gefordert wird,
3. eigenständig zu lernen und dir Information zu beschaffen,
4. die Prüfung abzulegen,
5. den Kurs positiv abzuschließen.

Du kannst dasselbe Prinzip auf die Schule anwenden, dein Hauptziel ist es, in allen Fächern unter den Besten zu sein. Damit das möglich wird, musst du dieses Hauptziel in kleinere Teile zerlegen. Deine Teilziele sind dann zum Beispiel, dass du in allen Stunden anwesend bist, die Hausübungen machst, alle Teilprüfungen mit Eins schaffst, das Fach mit Eins abschließt und so weiter.

Deine größeren Teilziele werden also sein, Einsen in allen Teilbereichen in allen Fächern zu bekommen. Es kann sich um Prüfungen handeln, schriftliche Arbeiten, Aufsätze und so weiter. Wenn du das schaffst, wird eine strahlende Eins im Zeugnis stehen.

Dann muss jeder Teil seinerseits in noch kleinere Teile unterteilt werden. Finde heraus, was notwendig ist, um jedes einzelne Teilziel zu erreichen, und organisiere diese ganz genau. Wenn du damit fertig bist, gehst du weiter zum nächsten Teilziel, und so machst du weiter, bist du dein Ziel erreichst – langsam, aber sicher, die ganze Zeit mit unübersehbarer Energie.

_ So kannst du dein Ziel und deine Teilziele aufschreiben:

ZIEL	die Note Eins in allen Fächern auf dem Gymnasium.
TEILZIELE	die Note Eins auf alle Prüfungen, schriftliche Arbeiten, Hausübungen und so weiter zu bekommen, die die einzelnen Fächer beinhalten.
KLEINERE TEILZIELE	Das zu tun, was notwendig ist, um die Einsen in jedem Teilelement zu bekommen: Hausübungen, Schularbeiten, Mitarbeit in den Unterrichtsstunden und so weiter.
ZWECK	Beispiel: Zwischen den begehrtesten Studienrichtungen an der Universität wählen können. Später einmal einen guten und interessanten Job zu haben.

Zusammenfassung

Ziel und Teilziele

- Du solltest dein Ziel immer in kleinere Teilziele zerlegen, das bringt dich leichter und schneller dorthin.
- Definiere dein Ziel. Male dir vor deinem inneren Auge aus, wie dein Leben in zehn bis zwanzig Jahren aussehen soll. Denk auch daran, wie du dich fühlen wirst, wenn du dein Ziel erreicht hast.
- Definiere dein Ziel in Bezug auf die Schule.
- Werde dir klar darüber, was du tun musst – welche Teilziele müssen erreicht werden, damit du an dein Ziel gelangst? Leg auch fest, welche Teilziele erreicht werden müssen, um zu einem größeren Teilziel zu gelangen.
- Schreib dir dein übergeordnetes Ziel und deine Teilziele auf, damit du einen klaren Plan vor dir hast.

4. Planen und Prioritäten setzen

Eine typische Frage bei Bewerbungsgesprächen lautet: »Was willst du in zehn Jahren machen?« Durch diese Frage will man herausfinden, ob der Bewerber irgendwelche Pläne in seinem Leben hat. Überraschenderweise antworten viele: »Ich weiß nicht«, »Mal sehen, was sich ergibt« oder »Ich nehm's, wie's kommt«. Du solltest niemals etwas einfach nehmen, wie es kommt! Eines der größten Geheimnisse des Erfolgs ist es, einen Plan zu haben und ihn zu verfolgen. Der Erfolg wird nicht nach dir suchen. Du musst ihn suchen!

_ Zeit ist eine Mangelware

Je besser wir unser Leben planen, desto mehr schaffen wir. Erinnerst du dich daran, wie es war, als du klein warst? Da schien es, als hättest du alle Zeit der Welt. Du bist vielleicht in der Früh aufgestanden, hast ein wenig ferngesehen, bist danach in die Küche gegangen und hast gefrühstückt. Dann hast du vielleicht in deinem Zimmer gespielt und danach bist du eine Weile in den Hof hinausgegangen. Dann haben Mama oder Papa gerufen, dass das Essen fertig ist, am Nachmittag hast du gelesen und gespielt – und immer war es noch lange nicht Abend.

Als wir dann erwachsen wurden, schien es, als ob die Tage immer kürzer und kürzer würden und die Zeit immer schneller verginge. Ich wünsche mir manchmal, der Tag hätte 48 Stunden statt 24. Aber leider wird das nie so sein. Nütze daher die Zeit richtig, damit du alles Wichtige schaffst. Der entscheidende Faktor dafür ist, dass du planst: dein Leben, deine Ausbildung, deine Jobs und alles andere. Das gibt dir Struktur für alles, was du tun musst, und dafür, wann du es tun musst.

Ein Plan hilft dir auch in stressigen Wochen, weil du dann an eine Sache weniger denken musst. Deine Zeit zu planen ist deshalb einer der wichtigsten Faktoren für schulischen Erfolg.

DU MUSST GENAU PLANEN, UM EINSEN IN ALLEN FÄCHERN ZU BEKOMMEN

_ Teil dir den Tag ein, dann bekommst du einen Überblick

Wenn du dich hinsetzt und dir die 24 Stunden, die ein Tag hat, ansiehst, bekommst du ein realistisches Bild davon, was du schaffen wirst. Erst einmal kannst du sechs bis acht Stunden abziehen, die du für den Schlaf brauchst. Es bleiben 16 bis 18 Stunden übrig. Davon gehst du zirka sechs bis acht Stunden in die Schule. Also hast du acht bis zwölf Stunden Zeit für anderes übrig. Während dieser Zeit pendelst du zwischen verschiedenen Orten, machst beispielsweise Sport, gehst essen oder duschen. Die Zeit, die nach all dem noch übrig bleibt, ist Lernzeit. Wie du siehst, sollte es also reichlich Zeit für deine Studien geben, oder? Wie kommt es dann, dass wir so oft darüber klagen, dass wir keine Zeit haben? Die Antwort ist: schlechte Planung!

Schon jetzt planst du eigentlich deine Zeit, mehr oder minder bewusst. Du hast eine Vorstellung davon, wann du in der Schule sein musst, wann du heimkommst und wann du ungefähr schlafen solltest. Wenn du einen noch etwas besseren Überblick hast, weißt du, wann dein Unterricht jeden Tag beginnt. Aber deine Planung ab jetzt muss noch viel detaillierter sein als bisher.

_ Meine Planungsregeln

Du hast verschiedene Unterrichtsfächer gleichzeitig in einem Schuljahr. Um überall gut zu sein, musst du planen, was, wann und wie viel du für jedes Fach zu tun hast. Am besten du orientierst dich an folgenden Planungsregeln:

1. Was sollst du tun und wie viel Zeit hast du dafür?

Sieh dir zuerst an, was verlangt wird und wie viel Zeit du dafür hast.

BEISPIEL: *Deine Mathematik-Lehrerin erwähnt in der ersten Unterrichtsstunde, dass du während des ersten Halbjahres drei Schularbeiten und mehrere kleine Lernzielkontrollen haben wirst. Sie gibt dir vielleicht ein Informationsblatt, auf dem das jeweilige Datum für die*

Schularbeiten und die Lernzielkontrollen steht. Dort steht vielleicht auch, welche Kapitel jeweils kommen. Wenn dir deine Lehrerin diese Informationen nicht gibt, kannst du sie erfragen und du wirst zumindest vorläufige Informationen bekommen. Diese Informationen sind das Grundgerüst für deine Planung im Fach Mathematik.

Jetzt hast du ziemlich klar vor dir, was du in welchem Zeitraum machen sollst. Je nach Schule, die du besuchst, wird deine Planung anders ausfallen. Entscheidend ist dabei eins: Du gehst im Kopf und auf einem Stück Papier den gesamten Zeitplan genau durch und legst dir die Dinge dabei gedanklich zurecht. Wenn du mit Hilfe deines Zettels deine Planung immer wieder durchgehst, wird dir das enorm bei der Umsetzung deiner Ziele helfen, zum Teil sogar, ohne dass du es merkst. Genauso, wie es Schifahrern oder Autorennfahrern hilft, die vor ihnen liegende Strecke im Kopf durchzugehen. Unser Gehirn funktioniert so. Wir lassen uns dann nicht so leicht aus der Bahn bringen, haben also alles besser im Griff.

2. Was sollst du für jedes Teilziel tun?

Jetzt solltest du dir Dinge ansehen wie die Anzahl der Seiten, die du vor einer Geschichteprüfung zu lernen hast, oder die Anzahl der Seiten mit Beispielen, die du vor einer Mathe-Prüfung lösen musst. Es kann auch darum gehen, wie viel Information du sammeln musst, um eine Arbeit zu schreiben. Du musst all das klar vor dir haben, bevor du mit dem Lernen oder Schreiben anfängst. Danach machst du einen Plan dafür, wie viel du genau jeden Tag vor der Prüfung oder der Abgabe der Arbeit und einer anderen Leistungsüberprüfung machen musst, damit du zeitlich alles schaffst.

BEISPIEL: *Du hast in acht Wochen eine Prüfung über vier Kapitel aus deinem Geografiebuch. Jedes Kapitel hat ungefähr zwanzig Seiten. Diese Kapitel solltest du auf sechs bis sieben Wochen aufteilen, da du mit allen Kapiteln mindestens eine Woche vor der eigentlichen Prüfung fertig sein solltest. Die letzte Woche nützt du für das intensive Wiederholen. Du musst also zirka zwei Seiten pro Tag lernen, um rechtzeitig fertig zu sein.*

3. Wie viel Zeit brauchst speziell du?

Manche Menschen müssen einen Text in einem Sachbuch nur zweimal lesen, andere mehrmals. Manche brauchen länger, um ein Mathe-Beispiel zu lösen und müssen das Beispiel mehrmals rechnen, bis sie es verstehen. Andere erledigen die Aufgaben ganz schnell. Nur du kennst deine eigenen Fähigkeiten. Deshalb musst du ausrechnen, wie viel Zeit du für jede Aufgabe brauchst.

BEISPIEL: *Du hast in vier Wochen eine Prüfung über Griechenland zur Zeit der Antike in Geschichte. Die Prüfung umfasst dreißig Seiten im Buch. Du weißt, dass du alle Seiten mindestens dreimal durchlesen* *musst, um den Text zu verstehen und zu behalten. Das heißt, dass du insgesamt 90 Seiten innerhalb von drei Wochen lesen musst – mindestens eine Woche solltest du ja für die intensive Wiederholung vor einer Prüfung einrechnen. Du musst also 30 Seiten pro Woche lesen, das bedeutet vier bis fünf Seiten pro Tag, wenn du es schaffen willst, alle Seiten dreimal zu lesen.*

4. Prioritäten setzen: Was ist das Wichtigste?

Meistens hast du nicht nur in ein oder zwei Fächern Prüfungen. Du wirst in einem Semester immer mehrere Termine – für Schularbeiten, Prüfungen, Referate oder anderes – in vielen Fächern gleichzeitig haben. Das bedeutet, dass du ständig fünf bis acht Deadlines gleichzeitig im Auge behalten musst. Du musst beurteilen, welches Teilziel das wichtigste ist und daher zuerst drankommt. Das nennt man Prioritäten setzen. Um das zu tun, musst du die oben beschriebenen Planungsregeln berücksichtigen. Du darfst nicht unnötig viel Zeit für eine Sache aufwenden, die eigentlich gar nicht zeitraubend ist. Dafür solltest du mehr Zeit für solche Aufgaben aufwenden, die eine größere Herausforderung und schwer für dich sind. Verwende auch nicht zu viel Zeit mit Stoff, den du bereits gut kannst. Plane also immer so, dass die Dinge, die dich am meisten Zeit kosten, Vorrang haben. Jene Dinge, die du leichter schaffen kannst, kommen zuletzt – mit der Ausnahme, dass du immer die Deadlines vorziehen musst, die zeitlich am nächsten liegen.

BEISPIEL: *In einem Monat hast du Prüfung in Mathe, Deutsch und Geschichte. Zudem musst du zwei Arbeiten abgeben, eine in Religion und eine in Geografie. Schau dir als erstes den Umfang jedes Teilziels an:*

1. *Sieh dir an, wann du die Prüfungen hast beziehungsweise wann du die Arbeiten in den verschiedenen Fächern abgeben musst.*
2. *Teile den Inhalt auf und schätze, was und wie viel du innerhalb der begrenzten Zeit, die du hast, machen musst.*
3. *Beurteile, wie viel Zeit du brauchst, um rechtzeitig auf alles vorbereitet zu sein.*

Diese Schritte helfen dir, einen Plan für jede Prüfung und jede Arbeit zu machen. Danach kommt das Prioritätensetzen. Denk dir Folgendes:

4. *Schreib dir jede einzelne Deadline auf und was sie umfasst.*
   Zum Beispiel:
   - *Prüfung in Mathe – drei Kapitel in zwei Wochen.*
   - *Prüfung in Deutsch – 400 Seiten über das Altertum in drei Wochen.*
   - *Prüfung in Geschichte – 55 Seiten über das Mittelalter in vier Wochen.*
   - *Schriftliche Arbeit in Religion – über den Buddhismus schreiben, Abgabe in zwei Wochen.*
   - *Schriftliche Arbeit in Geografie – über die Wirtschaft Lateinamerikas schreiben. Abgabe in vier Wochen.*

5. *Beurteile, wie viel du für jedes Teilziel machen musst. Analysiere zum Beispiel, wie viele Seiten die Mathe-Kapitel ausmachen oder welche Informationen du dir für die Arbeiten über den Buddhismus und die Wirtschaft Lateinamerikas beschaffen musst.*

6. *Beurteile jetzt, wie viel Zeit du für jedes Teilziel brauchst.*
   Wenn du super gut in Mathe bist, aber gleichzeitig Mittelalter und Altertum langweilig und schwierig findest, solltest du mehr Zeit für diese beiden Prüfungen aufwenden und sie bevorzugt behandeln.
   Wenn du weißt, dass du dich super beim Buddhismus auskennst, aber nicht viel Ahnung von der Wirtschaft Lateinamerikas hast – konzentriere dich mehr auf die schriftliche Arbeit in Geografie. Du kannst trotzdem eine gute Arbeit über den Buddhismus schreiben, da du dich auf dem Gebiet auskennst.
   Aber pass auf! Die Arbeit über den Buddhismus und die Prüfung in Mathematik kommen vor den anderen, was bedeutet, dass sie auch eine hohe Priorität haben! Denk immer daran, welche Prüfung du zuerst haben wirst. Gib immer jenen Teilzielen Vorrang, die zuerst drankommen, zusammen mit denen, die dir am schwersten fallen.

_ Sieh zu, dass du deinen Plan einhältst

Um deinen Zeitplan einzuhalten, ist es wichtig, dass du mit Tag eins beginnst. Sonst gerätst du in Verzug und musst plötzlich unglaublich viel in kurzer Zeit vor deinen Deadlines erledigen. Das bedeutet auch, dass du deinen Plan immer sofort machen musst, sobald du einen Termin für eine Prüfung, eine Schularbeit oder etwas anderes bekommst. Warte mit der Planung nicht bis ein paar Tage vor der Prüfung – dann ist es oft zu spät. Außerdem solltest du so planen, dass du mit dem Lernen immer ein paar Tage vor einem Prüfungs- oder Abgabetermin fertig bist. Dann hast du Spielraum, die Seiten, Kapitel, Details oder deine schriftliche Arbeit noch einmal durchzugehen. Du schaffst dir auch einen Sicherheitspuffer, den du vielleicht einmal brauchen kannst.

Viele machen einen sorgfältigen Plan, schaffen es dann aber nicht, sich an ihn zu halten. Das ist dann wirklich verlorene Mühe! Der Zweck eines Plans ist es ja, dass man sich an ihn hält. Einen Plan zu machen, kann ein wenig Zeit kosten, manchmal ist man auch erleichtert, wenn man damit fertig ist. Aber noch bist du mit Nichts fertig! Dein Plan ist erst der Anfang. Er ist dazu da, befolgt zu werden.

_ Schreib deine Planung auf

Deine Planung sollte schriftlich sein. Du kannst nicht alle Kapitel, Themen, Seiten, Informationen und Daten im Kopf behalten. Selbst wenn du das kannst, ist es eine unnötige Belastung deines Gehirns. Schreib den Plan auf einen Zettel oder in deinen Kalender, am besten in Punkte-Form, damit es leicht ist, ihm zu folgen. Er sollte so genau wie möglich sein, ruhig sogar mit der Uhrzeit, zu der du etwas beginnen und abschließen willst. Auf diese Weise verlierst du am wenigsten Zeit. Stell dir eine Kopie deines Plans auf dem Schreibtisch auf, kleb sie an deine Zimmertür oder irgendwo anders hin, wo du sie immer sehen kannst. So wirst du ständig daran erinnert, was zu tun ist. Dass du deinen Plan oft vor dir siehst, macht es dir leichter, dich an ihn zu halten.

DASS DU DEINEN PLAN OFT VOR DIR SIEHST, MACHT ES DIR LEICHTER, DICH DARAN ZU HALTEN

_ In Verzug geraten

Manchmal passiert es, dass du mit deiner Planung in Verzug gerätst. Das kann viele Gründe haben, meistens einen der folgenden fünf:

1. <u>Du hast zu viel hineingepackt</u>

Überprüfe, ob du die Planung wirklich richtig angelegt hast. Du hast vielleicht eine Aufgabe viel zu früh in die Planung hineingenommen, die etwas anderem die Zeit wegnimmt?

Du musst vielleicht etwas gar nicht so lange wiederholen, wie du aufgeschrieben hast? Kannst du bei etwas Zeit gewinnen? Korrigiere die Planung und gib ihr den Feinschliff.

2. Du hast die Zeit falsch eingeschätzt, die dir zur Verfügung steht

Das ist ein häufiges Versehen. Du wirst also deinen Plan etwas umstellen müssen.

3. Du hast zu spät begonnen

Wenn der Plan sagt, dass du Montag anfangen musst zu lernen, dann musst du das auch tun. Wenn du nicht vor Mittwoch beginnst, bedeutet das, dass du zwei ganze Tage einholen musst. Hast du da aber zu viel zu tun, schaffst du zeitlich nichts von allem. Beginnst du zeitgerecht, musst du dir keine Sorgen machen, dass du der Planung hinterher hinkst.

4. Du hast deine Planung zu spät gemacht

Wie bereits oben beschrieben, solltest du immer darauf achten, deine Planung schon von Anfang an zu machen. Warte nicht damit, sonst wird es schnell zu viel auf einmal.

5. Akute Dinge tauchen auf

Unvorhergesehene Dinge werden auftauchen. Das kann alles sein – vom Zahnarztbesuch über Verkühlungen oder akute Schulangelegenheiten bis dazu, dass ein Freund dich wirklich dringend braucht. Man kann nie wissen, was der morgige Tag bringt. Das führt leicht dazu, dass man von seiner Planung abgleitet. Wenn du einmal von deiner Planung abweichst, sieh zu, dass du sie so schnell du kannst wieder einholst, sonst häuft sich immer mehr und mehr an.

_ Den Plan an den aktuellen Stand der Dinge anpassen

Es ist sehr wichtig, dass du deinen Plan von Zeit zu Zeit durchsiehst. Ein Plan ist nicht so starr wie ein Stundenplan in der Schule. Er hilft dir, alle wichtigen Aufgaben zeitlich zu erledigen und muss ständig an den aktuellen Stand der Dinge angepasst werden. Wenn du während der laufenden Planung spontane Prüfungen oder Arbeiten dazubekommst, musst du den Plan umstellen. Alle neuen Deadlines, die mit der Zeit auftauchen, müssen mit einberechnet werden. Sieh dir deshalb deinen Plan jede Woche einmal durch, überprüfe, ob du ihm richtig folgst und ändere ihn, wenn nötig.

Wenn es dir gelingt, eine strukturierte Planung zu erstellen, hast du bereits eine der allerwichtigsten Voraussetzungen dafür erfüllt, in allen Fächern auf 1-er Kurs zu sein. Vier Seiten im Deutschbuch zu lesen und eineinhalb Seiten Mathe zu machen am Tag ist wirklich nicht viel. Es dauert nicht lang, jeden Tag das Wesentliche hinzubekommen, wenn du es von vornherein planst. Das bedeutet auch, dass du Zeit für anderes haben wirst. Eine sorgfältige Planung schenkt dir Ruhe und Gelassenheit. Wenn du mit den Tagespunkten fertig bist, kannst du dich zurücklehnen und erholen. Du musst also keine Sorge haben, wenn du den Rest der Zeit deinen Hobbies nachgehst. Es ist wichtig, Ruhe in all den Stress und die Hysterie rund um die Schule hineinzubringen. Mit einer guten Planung kannst du dir die verdiente Entspannung gönnen – ohne schlechtes Gewissen.

Zusammenfassung

Planen und Prioritäten setzen

- Man glaubt oft, dass man zeitlich mehr schaffen müsste als man es dann tatsächlich tut. Sieh deshalb zu, dass du deine Zeit richtig ausnützt!
- Du musst einen Plan haben während deiner Schulzeit. Das garantiert, dass du alles Wichtige zeitlich schaffst.
- Um einen solchen Plan aufzustellen, folge meinen vier Planungspunkten.
- Was sollst du tun und wie viel Zeit hast du dafür?
- Wie viel musst du für jedes Teilziel tun?
- Wie viel Zeit brauchst speziell du?
- Setz Prioritäten: Was ist am wichtigsten?
- Fang bereits am ersten Tag damit an, einen Plan aufzustellen, und halte dich auch gleich dran, damit du deiner Planung nicht nachzuhinken beginnst.
- Schreib deinen Plan immer nieder – auf einen Zettel oder in einen Kalender. Platzier den Plan gut sichtbar, damit du ihn oft siehst.
- Mach eine realistische Planung. Hinkst du dem Plan einmal hinterher, versuch schnell aufzuholen. Bring deinen Plan stets auf den neuesten Stand, sodass du alles, was aktuell ist oder was sich geändert hat, mitbekommst.
- Eine gute Planung reduziert Stress und lässt dir auch Zeit für Vergnügen!

5. Deine Unterrichtszeit nützen

Es ist wichtig, dass du während des Unterrichts voll konzentriert bist. Damit sparst du wertvolle Zeit und das Lernen wird viel effektiver. Denk dran, dass die Unterrichtsstunden für dich da sind und dass nur du selbst verlierst, wenn du mit einer negativen und lustlosen Einstellung hingehst.

_ Die Unterrichtsstunden sind für dich da

Bist du schon einmal dagesessen, die Ellbogen auf dem Tisch, den Kopf in die Hände gestützt, während deine Augen den Bewegungen der Lehrerin folgen. Die Worte kommen aus ihrem Mund, aber deine Gedanken sind ganz woanders. Plötzlich stellt dir deine Lehrerin eine Frage, du wachst auf und denkst: »Was, zum Teufel, hat sie gesagt?«

Du entscheidest selbst, ob du mit einer müden und zerstreuten Einstellung in den Unterricht kommst. Dann redest du dir gewissermaßen schon auf dem Weg ins Klassenzimmer ein, dass es langweilig werden wird. Du denkst nur daran, wie schön es sein wird, wenn die Stunde endlich vorüber ist. Wenn du so denkst, entscheidest du dich aber für eine negative Einstellung. Damit verlierst du wertvolle Zeit, die du später gezwungen sein wirst, wieder aufzuholen – vielleicht auf Kosten angenehmer Freizeitaktivitäten.

Deshalb solltest du von jetzt an umdenken. Beginne, deine Unterrichtszeit maximal auszunützen. Wenn du begreifst, wie viel du gratis bekommst, wenn du in den Stunden aufmerksam bist, verändert sich deine negative Einstellung dazu automatisch. Du wirst ab jetzt zu 100 Prozent anwesend sein! Mach's dir leicht: Eine Eins in allen Fächern zu bekommen, ist anstrengend, deshalb gilt: Je mehr du gratis bekommst, desto besser!

_ Geh mit einer positiven Einstellung zum Unterricht

Deine Lehrer nehmen Inhalte durch, die für dich wichtig sind. Vieles ist vielleicht kompliziert zu verstehen, wenn du es dir allein erarbeiten musst. Wenn du dann mit der Einstellung hingehst, dass du es in der Stunde nicht aushältst, verpasst du die Möglichkeit für eine Vorbereitung. Information schon im Unterricht zu verstehen, bevor du selbst dich zum Lernen hinsetzt, ist ein riesen Vorteil und eine Abkürzung auf dem Weg zu den Top-Noten. Wenn du alles selbst verstehen musst, kann es zu schwer werden. Je schwerer es wird, desto länger dauert es auch – und an Zeit wird es dir garantiert mangeln während deiner Schuljahre.

Deshalb ist es ganz schön dämlich, mit einer negativen Einstellung in den Unterricht zu gehen. Dann sitzt du einfach nur da und denkst daran, wie langsam die Zeit vergeht, statt aufzupassen. Entschließe dich stattdessen, von nun an voll konzentriert zu sein, nicht nur die ersten zehn bis fünfzehn Minuten. Solange die Stunde dauert, sollte nichts anderes in deinem Hirn auftauchen als das, wovon deine Lehrer sprechen. Auf diese Weise werden sich die Sachen in deinem Gedächtnis festsetzen.

_ Hör auf damit, dir selbst einzureden, wie langweilig es im Unterricht sein wird!

Ab jetzt gehst du also aus eigenen, freien Stücken zu allen deinen Unterrichtsstunden. Du bist da, weil du da sein willst, weil du lernen willst und weil du gute Noten bekommen möchtest. Es spielt dabei keine Rolle, ob du dich für das Fach interessierst, und auch nicht, ob du einen guten Tag hast. Du musst dort hin und du musst zuhören. Denk dran, dass deine Lehrer ihren Lohn auf jeden Fall erhalten, unabhängig davon, ob du etwas lernst oder nicht. Es beeinflusst sie nicht besonders stark, ob du die Note Eins oder Vier bekommst. Das schadet niemandem anderen außer dir selbst.

Die meisten deiner Klassenkameraden denken wahrscheinlich nicht so. Sei deshalb cleverer als die anderen! Wenn die anderen schwätzen, wirst du das nicht tun. Wenn sie dasitzen und komische Geräusche machen, kümmer dich nicht darum oder bitte sie, leise zu sein. Wenn du merkst, dass du die Konzentration verlierst, dann denk einfach an das, was ich in diesem Kapitel gesagt habe, und hol dir deine Konzentration zurück.

_ Deine Zeit ist kostbar – geh sparsam damit um!

Die Unterrichtsstunden sind gleichsam eine Abkürzung auf dem Weg, zu verstehen, was in einem Fach wichtig ist. Du erfährst, auf welche Dinge du besonderes Gewicht legen sollst. Darüber hinaus erfährst du, welchen Typ Lehrer du hast und was er für wichtig hält. Lehrer sagen oft, was du können musst, um eine bestimmte Note zu bekommen. Nütz das aus! Die Unterrichtsstunden geben dir auch die Chance, Dinge zu verstehen, die du dir sonst mühsam in der Freizeit erarbeiten müsstest. Stell dir zum Beispiel vor, du müsstest die Physiologie des Herzens lernen. Wenn du in den Unterricht gehst, wird der Lehrer mit diversen Bildern und Modellen beschreiben, wie das Herz funktioniert. Du kannst fragen, wenn du etwas nicht verstanden hast.

Stell dir vor, der Lehrer gesagt hätte, du solltest nach Hause gehen und das ganze Kapitel über das Herz selbst lesen. Alles, was er verbal beschrieben und mit Bildern oder Modellen anschaulich gemacht hat, müsstest du dir ganz allein erarbeiten. Das wäre viel schwieriger und zeitaufwendiger. Deshalb kommt es darauf an, dass du bei der Einführung in jede Stunde ganz genau zuhörst. Damit erhältst du einen ganzen Wiederholungsdurchgang gratis!

_ Du bekommst alles serviert – gratis!

In deinen Stunden bekommst du alles serviert. Genau wie in einem Restaurant, in dem du das Essen serviert bekommst und dich nicht um den Einkauf, die Zubereitung und das Tischdecken kümmern musst. Du kommst einfach hin und isst. Mit der Schule ist es genauso. Der Unterschied ist nur, dass du dort für nichts bezahlst. Du sitzt einfach zurückgelehnt auf deinem Stuhl und hörst zu, wenn die Lehrer dir all das Wissen servieren. Deshalb solltest du dich wie im Restaurant verhalten: Statt unkonzentriert und gelangweilt im Unterricht zu sitzen, solltest du all das Gratiswissen mit Haut und Haar verschlingen. Du würdest doch auch nie in einem Restaurant Essen bestellen und dann nach Hause fahren um selbst zu kochen, oder?

Ich glaube, du hast das Prinzip verstanden. Wenn du nicht all das Wissen ausnützt, das du gratis serviert bekommst, kannst du genauso gut anfangen, dir dein Essen selbst zuzubereiten, nachdem du im Restaurant gewesen bist. Das ist dasselbe.

_ Lerne mitzuschreiben

Auf dem Gymnasium schreiben Lehrer in der Regel das, was du können solltest, an die Tafel. Es kann in Mathematik darum gehen, wie man eine Formel herleitet, in Geschichte, wie Leonardo da Vinci zur Zeit der Renaissance gelebt hat, oder um wichtige Worte und Phrasen in Sprachfächern und so weiter. Das, was auf die Tafel geschrieben wird, solltest du schön und strukturiert aufschreiben und aufheben. Darüber hinaus solltest du aber auch mitschreiben, was deine Lehrer sagen.

Mitschreiben ist eine Kunst. Nicht alle schaffen das gut. Aber wenn du's lernst, wird es dir von großem Nutzen sein. Als ich auf der Uni war, gab es tatsächlich eine kleine Anzahl an Studienkollegen und -kolleginnen, die vor einer Prüfung fast ausschließlich ihre Aufzeichnungen durchlasen und die Prüfungen bravourös schafften. Da sprechen wir aber vom Medizinstudium!

Es gibt keine speziellen Ratschläge, wie man gut mitschreibt. Es kommt also darauf an, zu üben, bis du deine eigene Weise gefunden hast. Du kannst das Mitschreiben üben, indem du dich vor die Nachrichten im Fernsehen setzt und dir Aufzeichnungen machst und danach das, was du dir aufgeschrieben hast, deiner Familie präsentierst. Konntest du das meiste, was in den Nachrichten gesagt wurde, wiedergeben, ist dir die Mitschrift gut gelungen!

Ich selbst habe das, was Lehrer gesagt haben, oft wörtlich notiert. Ich hab nicht so schön geschrieben, aber das meiste mitbekommen. Jeder ist anders und beurteilt unterschiedlich, was wichtig ist und auf den Zettel soll. Manche mögen es, große Bilder und Figuren zu zeichnen, während andere sich damit begnügen, alles in Textform niederzuschreiben. Manche schreiben nur Stichworte, mit deren Hilfe sie sich dann daran erinnern, was gesagt wurde. Finde heraus, welcher Weg am besten zu dir passt. Es geht darum, deine Fähigkeit zu trainieren, gleichzeitig zu schreiben und zuzuhören.

_ Mach die Mitschrift zu deinem zweiten Gedächtnis

Unser Kurzzeitgedächtnis ist im wahrsten Sinne des Wortes kurz. Man erinnert sich nur an einen kleinen Teil dessen, was in einer Unterrichtseinheit von zwei Stunden gesagt wird. Du hast aber vier bis fünf Unterrichtseinheiten am Tag in verschiedenen Fächern, fünf Tage die Woche. *Keine Chance,* dass du dich nur durch Zuhören an alles erinnerst. Mach deshalb die Mitschrift zu deinem »zweiten Gedächtnis«.

Schreibst du alles gut mit, brauchst du dir auch keine Sorgen darüber zu machen, dass du noch nicht alles verstanden hast. Du hast alles auf dem Zettel. Du bekommst damit außerdem einen Bezugspunkt, der dir dein weiterführendes Selbststudium erleichtert. Wenn du dann im Buch liest, kannst du die Inhalte daraus mit dem vergleichen, was du im Unterricht aufgeschrieben hast und denken: »Aha! Das da haben wir durchgenommen, das muss also wichtig sein!«

Es gibt zwei Gründe dafür, warum Schüler sich nicht ums Mitschreiben kümmern: Der eine ist, dass sie glauben, dass sie sich sowieso an alles erinnern werden. Aber darin täuschen sie sich. Der andere Grund ist, dass sie es nicht schaffen. Es scheint ihnen bequemer, sich einfach zurückzulehnen und zuzuhören. Aber lass dich nicht von deiner Faulheit verführen! Bequem auf seinem Stuhl zu sitzen stört die Konzentration. Man neigt dann dazu, sich in Tagträumen zu verlieren. Oft ermüdet einen der Unterricht auch. Das beste Rezept gegen Müdigkeit ist es, sich Aufzeichnungen zu machen. Damit kehrt für gewöhnlich auch die Konzentration zurück.

_ So hältst du die Konzentration während des Unterrichts aufrecht

Warum erscheinen einem Unterrichtsstunden manchmal so mühsam? Weil Konzentration sehr viel Energie kostet. Du musst ein paar Stunden lang still sitzen und zuhören. Natürlich ist das anstrengender, als in der Pause mit deinen Freunden zusammenzusitzen und zu plaudern. Genau deshalb sehnen wir uns oft danach, dass die Zeit schnell vergehen möge, damit die Stunde bald zu Ende ist.

Das Gehirn funktioniert am besten während der ersten Minuten einer Unterrichtsstunde. Danach nehmen Konzentrations- und Lernfähigkeit ab. Das ist bei allen gleich – ungefähr die ersten zehn bis fünfzehn Minuten können wir effektiv Information aufnehmen.

Aber die Konzentrationsfähigkeit kann trainiert werden. Es gibt Menschen, die sich vierzig bis fünfzig Minuten lang beinah voll konzentrieren können. Danach wird es aber doch schwierig. Deshalb gibt es meist auch nach jeder Stunde eine Pause. Versuch, deine Konzentration zu trainieren, sodass du sie während des gesamten Unterrichts aufrechterhalten kannst! Das ist schwierig, aber es geht! Du verlierst den Fokus nach zehn bis fünfzehn Minuten nicht völlig. Was passiert, ist, dass du dich unbewusst mehr und mehr zurückzulehnen beginnst und dass du leichter ablenkbar wirst. Dann braucht es mehr Energie, um denselben Fokus beizubehalten, den du während der ersten zehn Minuten gehabt hast. Die Konzentrationsfähigkeit nimmt also ab, geht aber nicht völlig auf null. Wenn du dich jedes Mal, wenn du merkst, dass die Aufmerksamkeit verlorengeht, selbst »weckst«, kannst du die Konzentration immer wieder zurückholen. Das wird eine Art Gehirntraining, das deine Konzentrationsfähigkeit nach und nach stärkt.

DIE KONZENTRATIONSFÄHIGKEIT
LÄSST SICH TRAINIEREN

_ Denk an dein Ziel, wenn du den Fokus verlierst

Wir alle sind Menschen. Wir können nicht stets in Top-Verfassung sein. Genau wie alle anderen bin auch ich an vielen Tagen müde und lasch. Aber dann erinnere ich mich an meine Ziele und an meine Zukunftspläne und werde wieder wach und fokussiert. Der Ehrgeiz und die Antriebskraft wachsen in mir, sobald ich an meine Ziele denke. Jedes Mal, wenn du dich also träge fühlst und beginnst, dich zurückzulehnen, solltest du es so machen: Erinnere dich daran, was du machen musst und wozu. Denk an deine Ziele, setze sie als Antriebskraft ein. Und dann hör im Unterricht zu, schreib mit, lerne.

Denk dran, dass du im Prinzip alles, was deine Lehrer sagen, früher oder später lernen musst. Sei deshalb eisern und lass deine Müdigkeit nie deinen Willen besiegen. Lass dich nicht von Tagträumen forttragen. Trainiere deine Konzentration, vom Beginn der Unterrichtsstunde bis an ihr Ende. Am Anfang wird es wahrscheinlich anstrengend sein, aber wie bei allem anderen gewöhnst du dich nach einer Weile daran. Das ist ungefähr so, wie wenn du lernen sollst, tausend Meter in zwanzig Minuten zu schwimmen. Das kommt dir wahrscheinlich die ersten Male enorm anstrengend vor, aber je mehr du trainierst, desto mehr werden auch deine Muskeln wachsen und sich an die Anstrengung gewöhnen. Schön langsam scheint es nicht mehr so schwer wie am Anfang, den vollen Fokus zu halten. Nach ein paar Wochen erkennst du den Unterschied. Du merkst, dass es leichter und leichter geht. Hat sich dein Gehirn erst daran gewöhnt, konzentriert zu sein, funktioniert das von ganz alleine!

_ Stell Fragen

Am Ende einer jeden Unterrichtsstunde sollten die Schüler den Stoff verstanden haben. Aber jeder ist anders und lernt Dinge verschieden schnell. Wenn du etwas nicht verstanden hast, solltest du immer fragen. Es können alle möglichen

Fragen sein, auf die du Antworten brauchst, um zu verstehen, was durchgenommen wurde. Es können auch Dinge sein, die du mit dir herumträgst und über die du nachgrübelst. Denk dran: Es gibt keine dummen Fragen, nur dumme Antworten! Unsere gesamte Entwicklung ist dadurch vorangetrieben worden, dass Wissenschaftler und Wissenschaftlerinnen Fragen gestellt haben. Der Schlüssel zu Kreativität und Intelligenz ist die Wissbegierde.

ES GIBT KEINE DUMMEN FRAGEN,
NUR DUMME ANTWORTEN

Selbst wenn du Fragen stellst, die total skurril wirken, werden deine Klassenkameraden wahrscheinlich nicht finden, dass etwas falsch dran ist. Eher sind sie erleichtert, weil du dazu beiträgst, dass es in der Klasse mehr Luft nach oben gibt – es wird möglich, frei heraus zu sagen, dass man etwas nicht verstanden hat. Ich schwöre dir, es gibt viele, die es nicht verstehen, aber trotzdem still dasitzen! Ein anderer Punkt beim Fragenstellen ist der, dass du deinen Lehrern zeigst, dass du wirklich lernen willst. Die meisten Lehrer schätzen es, wenn Schüler Fragen stellen. Viele von ihnen würden unterschreiben, dass sie eher geneigt sind, wissbegierigen Schülern eine bessere Note zu geben. Eine Frage zeigt oft – ganz im Gegenteil wie du vielleicht denkst – dass du mitkommst und selbst denkst. Und selbst denken und reflektieren ist ja schließlich eines der Kriterien für gute Noten!

_ Schwätz nicht während des Unterrichts

Am besten kannst du dich konzentrieren, wenn du dafür eine optimale Umgebung schaffst. Am besten, es ist in deinem Umkreis still und du sprichst während des Unterrichts mit niemanden. Wir alle haben Mitschüler, mit denen wir meistens zusammen sind, und bevorzugte Kollegen, neben denen wir am häufigsten sitzen. Das ist wunderbar. Aber achte darauf, Unterricht und Pause zu trennen! Wenn eine Stunde einmal begonnen hat, solltest du nicht sitzen und schwätzen, und dein Kumpel neben dir sollte das auch respektieren. Versuche, nicht neben jemanden zu sitzen, der mitten im Unterricht zu sprechen beginnt. Und falls doch, bitte ihn freundlich, still zu sein. Sonst kannst du dich nicht konzentrieren, nicht mehr zuhören und mitschreiben.

ACHTE DARAUF, UNTERRICHT UND PAUSE ZU TRENNEN!

Manchmal freust du dich vielleicht, dass du etwas verstanden hast, Dann willst du dich gleich mit dem Kollegen neben dir austauschen. Tu das nicht! »Warum?«, denkst du vielleicht, »ein paar Sekunden sprechen kann doch wohl nicht schaden?« Doch, das kann es schon! Zum einen wird es dir selbst schwerer fallen, wieder in die Konzentration hineinzukommen, weil du einen energieraubenden Prozess unterbrochen und begonnen hast, dich gehen zu lassen. Es ist nun einmal nicht gleich anstrengend, mit einem Kameraden zu sprechen wie einem Lehrer zuzuhören. Zum anderen besteht das Risiko, dass der Lehrer genau in dieser Sekunde, in der du dich umdrehst und mit jemandem sprichst, etwas aufgreift, was zur Prüfung kommt.

_ Nütze die freien Phasen des Unterrichts effektiv

In manchen Unterrichtsstunden nehmen Lehrer nicht die ganze Zeit Dinge durch. Du bekommst zum Beispiel Zeit, Mathematikbeispiele zu rechnen oder Informationen für eine Arbeit zu sammeln. Fang immer gleich damit an, die Zeit zu nützen. Verlier keine Zeit damit, dich mit anderen zu unterhalten oder etwas anderes zu machen. Jede einzelne Minute, in der du während des Unterrichts arbeitest, sparst du dir für später. Denk an deinen Plan – das, was du in der Unterrichtszeit schaffst, musst du dann nicht mehr machen, wenn du nach Hause kommst. Die freie Zeit während des Unterrichts ist auch eine gute Gelegenheit, Dinge zu fragen, bei denen du Hilfe benötigst. Du hast vielleicht daheim aus dem Mathe-Buch gelernt und bist bei einigen Beispielen hängengeblieben, bei denen du Hilfe brauchst. Wenn du einen komplizierten Text in einem Buch liest, kann der Lehrer dir Erklärungen dazu geben, und wenn du eine schriftliche Arbeit vorbereiten musst, kannst du Tipps und Ideen bekommen, wie du sie verbessern kannst.

_ Bereite dich auf den Unterricht vor

Ich habe jetzt beschrieben, um wie viel leichter das Lernen schon allein dadurch wird, dass man zuerst zum Unterricht geht, ihn sich anhört und danach das lernt, was durchgenommen wurde. Lass uns die Sache jetzt umdrehen. Um das Ganze noch effektiver zu machen, solltest du dich schon vor dem Unterricht darauf vorbereiten.

Denk an etwas, worüber du sehr viel weißt. Vielleicht sind das Fakten über einen Künstler oder ein Sportidol oder vielleicht über Pilze. Hättest du beispielsweise eines Tages eine Unterrichtsstunde, die von Pilzen handelte, würde all dein Vorwissen dazu führen, dass der Unterricht nur eine Wiederholung für dich wäre. Das, was du schon weißt, würde nur noch weiter gefestigt werden. Wenn ich mich als Arzt in eine Biologiestunde setzen würde, die von Bakterien und Viren handelte, dann würde ich das meiste schon können. Das Ganze wäre eine Wiederholung für mich, wobei ich vielleicht gleichzeitig irgendein Detail aufschnappen würde, an das ich zuvor nicht gedacht habe.

Liest du etwas zum ersten Mal, gibt es eine Menge Dinge, die sich nicht im Gedächtnis verankern und die du nicht verstehst. All das wird klar werden, wenn du es später im Unterricht hörst – schon damit hast du eine erste Wiederholung bekommen. Du wirst eine Menge Aha-Erlebnisse haben, während deine Klassenkameraden völlig damit beschäftigt sind, alles ganz von Anfang an zu lernen. Der Stoff ist ja völlig neu für sie, während du selbst dich schon damit vertraut gemacht hast. Durch die Vorbereitung wird das Lernen effektiv und du sparst Zeit. Gehst du nach der Stunde nach Hause und liest den Text noch einmal durch, ist das schon deine zweite Wiederholung.

Um dich vorzubereiten, solltest du das Kapitel einmal kurz durchgehen, das in der nächsten Unterrichtsstunde behandelt wird, damit du dir einen Überblick verschaffst. Fühl dich nicht unter Druck, gleich alles verstehen zu müssen. Dinge, die dir seltsam vorkommen oder die du nicht verstehst, werden sich später im Unterricht aufklären. Außerdem kannst du dann gezieltere Fragen stellen. Rechne also Vorbereitungszeit in deine Planung mit ein, wenn du Zeit dafür hast. Wende diese Methode vor allem in jenen Fächern an, in denen du dir ein wenig schwerer tust und in denen du weniger Vorwissen hast.

Zusammenfassung

Deine Unterrichtszeit nützen

- Die Unterrichtsstunden sind für dich da. Du profitierst, wenn du zum Unterricht gehst und aufmerksam zuhörst. Geh deshalb nicht mit einer negativen Einstellung hin!
- Wenn du im Unterricht aufmerksam bist, sparst du Zeit, und du erfährst, was wichtig ist. Du bekommst eine Menge Wissen serviert – gratis!
- Das Lernen wird effektiver, wenn jemand einen Stoff für dich durchnimmt, bevor du ihn selbst lernen musst. Das ist genau das, was im Unterricht passiert.
- Lerne mitzuschreiben, damit du das meiste behältst, was in den Stunden durchgenommen wird. Schreib mit, was die Lehrer an die Tafel schreiben, und auch das, was sie sagen. Deine Mitschrift wird es dir leicht machen, den Überblick über alles Wichtige zu behalten. Zuhören und zu verstehen erfordert volle Konzentration. Lern deshalb, während der gesamten Unterrichtszeit konzentriert zu bleiben. Lass dich durch nichts stören.
- Stell Fragen! Es gibt keine dummen Fragen, nur dumme Antworten. Die meisten Lehrer schätzen wissbegierige Schüler. Deine Fragen zeigen, dass du mitdenkst und eigene Schlüsse ziehst – ein wichtiges Kriterium für eine Eins.
- Schwätz nicht während des Unterrichts. Heb dir das für nach der Stunde auf, damit du nichts Wichtiges verpasst.
- Hast du freie Zeit während der Unterrichtsstunden zur Verfügung, nutze sie effektiv – und das von Anfang an. Damit bleibt dir später Zeit für anderes.
- Wenn du viel Zeit hast, solltest du dich auch auf die Unterrichtsstunden vorbereiten. Besonders in den Fächern, in denen es dir schwerer fällt, mitzukommen. Das führt dazu, dass du das, was die Lehrer im Unterricht durchnehmen, besser verstehst.

6. Mit deinen Lehrern zurechtkommen

Wie du deinen Lehrern begegnest, kann ausschlaggebend für deine Note sein. Ich werde dir deshalb zeigen, wie du an deinen Beziehungen zu Lehrern arbeiten kannst. Entscheidend dafür ist, dass du dich um deine sozialen Fähigkeiten bemühst und stets versuchst, nett, empathisch und respektvoll zu sein – auch Lehrern gegenüber, mit denen du vielleicht gar nicht kannst.

_ Personen-Chemie und soziale Kompetenz

Um wirklich überall die besten Noten zu bekommen, musst du dich richtig gut anstellen. Aber du bist auch nur ein Mensch, und das bedeutet, dass du manchmal auf Probleme stoßen wirst. Du kannst nicht perfekt sein, und deshalb kommt's drauf an, dass du ein paar »Extrapunkte« für dich sammelst, die eventuelle Fehler ausgleichen können. Finden dich deine Lehrer sympathisch, ist das so ein Extrapunkt.

Mit unterschiedlichen Typen von Menschen umgehen zu können, ist eine Kunst. Dabei handelt es sich um soziale Kompetenz und darum, zu erkennen, wie du auf andere wirkst. Je älter wir werden, desto besser gelingt uns das im Normalfall. Wir lernen aus größeren oder kleineren Fehlern im sozialen Miteinander und dadurch, dass wir ständig wahrnehmen, wie andere auf uns reagieren.

Was dich und deine Lehrer betrifft, kann es schon einmal passieren, dass die Personen-Chemie zwischen euch nicht stimmt. Sicher hast du schon einmal erlebt, dass du ein komisches Gefühl dabei hast, wenn du mit einem Lehrer oder einer Lehrerin sprichst. Du spürst, dass du mit der Person nicht wirklich zurechtkommst. Ein anderes Mal stimmt die Chemie sofort. Du triffst einen Menschen, bei dem es sofort »klick« macht. Wenn du merkst, dass du einen Lehrer nicht richtig einschätzen kannst, oder nicht weißt, woran du bei ihm bist, solltest du daran denken, dass man lernen kann, die meisten Personen zu mögen. Wenn du das nicht kannst, solltest du dich wenigstens trotzdem so benehmen, als würdest du es können. Das gehört eigentlich zu den üblichen Manieren und hat mit Respekt und Toleranz gegenüber anderen Menschen zu tun.

_ Der erste Eindruck

Manche sagen, der erste Eindruck ist der Wichtigste. Ganz so weit will ich nicht gehen. Aber er ist enorm wichtig. Deshalb solltest du einen guten Eindruck machen, wenn du einen neuen Lehrer triffst. Das machst du dadurch, dass du vom allerersten Moment an versuchst, von ihm positiv gesehen und gehört zu werden.

Aber vergiss nicht, dass das Ganze angemessen geschehen sollte – du solltest weder zu viel noch zu wenig Aufmerksamkeit erregen.

Wenn dein Lehrer deinen Namen zum ersten Mal aufruft, antworte deutlich, und ruhig auch in einem überraschenden Tonfall, mit »Jaa!« Du musst das Muster durchbrechen! Mach etwas, was andere nicht machen. Sei kreativ, aber nicht provokant. Weck die Neugier des Lehrers. Er blickt auf, um herauszufinden, wer der Schüler ist, der da laut und deutlich »Jaa!« sagt, sympathisch und vielleicht mit ein wenig Humor in der Stimme. Aber achte darauf, auf eine charmante Weise zu überraschen und absolut nicht zu schreien oder den Klassenclown zu machen.

Als ich zur Schule ging, sprachen Lehrer meinen Namen oft falsch aus. Dann habe ich sie auf bescheidene Art verbessert. Bekommst du eine ähnliche Gelegenheit – nütze sie!

_ Deine erste Eins bedeutet viel

Dein erstes Ergebnis auf eine schriftliche Arbeit, eine mündliche Prüfung oder etwas anderes ist enorm wichtig, um deinen Ehrgeiz unter Beweis zu stellen. Deine erste Eins auf eine Prüfung ist deshalb der beste erste Eindruck, den du machen kannst. Damit zeigst du, dass du kämpfst, dass du intelligent bist, dass du hoch hinaus willst und dass du höchste Noten erreichen willst. Es ist auch sehr oft so, dass Lehrer nach der ersten Leistungsüberprüfung damit beginnen, die Klasse einzuteilen, und sich einen Überblick darüber verschaffen, wer ein 4er-, 3er-, 2er- oder 1er-Schüler ist. Das ist der Moment, in dem sie sich an euch in Notengruppen erinnern.

Viele Male habe ich Lehrer Schülern Feedback geben gesehen mit dem Satz: »Du hast doch eine wirklich gute Note auf die letzte Prüfung bekommen, was war denn diesmal los?« oder »Gut gearbeitet! Das ging ja viel besser als zuletzt!« Das ist ein Zeichen dafür, dass sie sich erinnern. Ganz besonders aber erinnern sie sich an die erste Note, die sie dir gegeben haben. Kombiniere daher deinen ersten sozialen Eindruck damit, auch resultatmäßig einen guten ersten Eindruck bei der ersten Prüfung oder der ersten Arbeit zu geben.

_ Sei charmant zu deinen Lehrern!

Jeder liebt charmante Menschen. Wir fühlen uns zu ihnen hingezogen, unabhängig von ihren anderen Eigenschaften. Siehst du einen nicht besonders attraktiven Burschen, der ein Date mit einem hübschen Mädchen hat, weißt du jetzt wahrscheinlich warum: Er hat Charme!

Grüße jedes Mal, wenn du die Klasse betrittst und bevor du sie verlässt. Lächle und sei höflich. Alle mögen nette und charmante Schüler. Es klingt auch nett, wenn du den Namen des Lehrers sagst bei deinem Gruß. Sieh deinen Lehrern in die Augen, wenn du grüßt, sprichst oder zuhörst oder wenn du sonst in Kontakt mit ihnen treten willst. Damit zeigst du, dass du nicht gleichgültig bist und die Information aufnimmst, die dir gegeben wird. Du weißt sicher selbst, wie du einen Menschen erlebst, der dir nicht in die Augen sieht und die ganze Zeit wegschaut, während du mit ihm sprichst – du bekommst das Gefühl, dass er nicht zuhört. Auch wenn du tatsächlich zuhörst, wirkt es nicht so, wenn du wegschaust. Deshalb zeigst du durch Augenkontakt, dass du aufmerksam bist und mitbekommst, wovon gesprochen wird.

_ Sei aktiv im Unterricht

Nach dem ersten Eindruck beginnt die Schwerarbeit. Jetzt musst du zeigen, welche Art von Schüler du bist. Bist du der Typ, der in einer Ecke sitzt und von dem man nichts hört? Bist du der erste, der den Saal verlässt, wenn die Stunde vorüber ist? Oder bist du der, der sich Gehör verschafft und der gesehen wird? Du musst den Lehrern zeigen, dass du eine Eins willst. Das erreichst du, indem du aktiv bist. Natürlich kannst du trotzdem eine Eins im Abschlusszeugnis haben, wenn du eine Eins auf alle deine Prüfungen und schriftlichen Arbeiten bekommen hast. Aber jetzt geht es darum, so viele »Extrapunkte« wie möglich zu sammeln, damit deine Lehrer eine Eins geben, obwohl dir vielleicht einmal etwas missglückt ist.

Arbeitest du im Unterricht aktiv mit, merken die Lehrer, dass du engagiert bist, eigene Schlüsse ziehen kannst und dem Unterricht folgst. Zeig daher häufig auf, antworte auf Fragen und stelle eigene Fragen. Du kannst die Lehrer auch fragen, was in der nächsten Stunde durchgenommen wird, und wenn du Zeit hast, versuch dir den Stoff vor der nächsten Stunde durchzulesen. So kannst du aktiver sein im Unterricht und gleichzeitig wird das Lernen für dich effektiver.

Aktiv sein und vor der Klasse sprechen, kann anfangs anstrengend sein. Aber das ist genau das Hindernis, das du so rasch wie möglich überwinden musst, um die Scheu zu verlieren. Wenn du dich erst einmal daran gewöhnt hast, wird es dir kinderleicht fallen. Du wirst Fragen stellen, die deinen Lehrer überraschen. Du wirst Fragen auf eine solche Weise beantworten, dass er aufsteht und lächelt, und du wirst so diskutieren, dass er einen Eindruck davon bekommt, wer du bist und was du kannst. Zeig, dass du mitkommst. Zeig, dass du eigene Schlüsse ziehen kannst. Trau dich, zu sagen, wenn du etwas nicht verstehst. Zeig auf und stell kluge Fragen! Vermittle den Eindruck, dass du die ganze Zeit über die Diskussion führst, dass du immer etwas zu sagen hast, sodass sich die Lehrer darauf verlassen können, dass der, der gleich aufzeigen wird, du bist! Zeig, dass du es auf eine Eins abgesehen hast!

_ Tipps für Schüchterne

Schüchtern zu sein ist ganz normal, besonders am Anfang oder wenn du neu in der Klasse bist. Wenn du schüchtern bist, bist du also in guter Gesellschaft. Schüchterne Menschen kümmern sich sehr stark darum, was andere von ihnen halten oder über sie denken könnten. Sie haben Angst, sich zu blamieren oder von anderen ausgelacht zu werden. In Wahrheit aber haben die anderen ihren Fokus gar nicht so sehr auf dich gerichtet, wie du vielleicht glaubst. Sogar wenn du einmal etwas Falsches sagen solltest und alle kichern, ist es Minuten später schon wieder vergessen.

Du musst deine Schüchternheit deshalb herausfordern, das ist die einzige Möglichkeit, sie loszuwerden. Am Anfang wird das super anstrengend sein, dann ein bisschen weniger, und mit der Zeit wird es sich ganz selbstverständlich anfühlen, dass du zeigst, wer du bist. Denk auch daran, dass es ganz natürlich ist, am Anfang nervös zu sein, und dass die meisten es sind.

Wir sind von unserer Biologie her dafür ausgerüstet, uns in neuen sozialen Umgebungen ein wenig abwartend zu verhalten – damit lernen wir die Menschen um uns herum einzuschätzen. Es ist also etwas Positives, aber es muss keine große Sache sein. Die Schüchternheit fällt nämlich von dir ab, wenn du dich nur traust, dich auf die Situation einzulassen, die dich nervös macht.

Denk dran, wie kleine Kinder reagieren, wenn sie andere Kinder treffen, die sie nicht kennen: Erst stehen sie eine Weile da und schauen scheu. Aber flugs nimmt ihr Interesse für das Spiel überhand und sie lassen sich mit Haut und Haar darauf ein. Nach einer Weile ist es schwer zu glauben, dass sie am Anfang schüchtern waren. Versuch also, drauf zu pfeifen, was andere finden oder denken. Was sie von dir denken, oder eigentlich meistens was du glaubst, dass sie denken, hat ja keinen wirklichen Einfluss auf dich. Wenn du in ein paar Jahren mit einem Lächeln auf den Lippen deinem geliebten Job nachgehst, wirst du da an die Kommentare deiner Klassenkameraden denken, als du vor zehn Jahren mit ihnen im Unterricht gesessen bist? Ganz sicher nicht!

Trau dich, was Falsches zu sagen und »dumme« Fragen zu stellen. Trau dich, Fehler zu machen – daraus lernen wir! Ein Lehrer hat einmal zu mir gesagt: »Wir Lehrer denken oft nicht daran, was ihr Schüler im Unterricht sagt, sondern nur daran, dass ihr etwas sagt.« Lehrer erinnern sich an Schüler, die aktiv sind. Du solltest natürlich definitiv versuchen, richtige Antworten zu geben und in Diskussionen gute Argumente vorzubringen, aber es ist demnach noch wichtiger, dass du etwas sagst.

_ Eifersüchtige gibt es überall

Kollegen, die dumme Kommentare abgeben, lachen oder sich über dich lustig machen, sind meistens nur eifersüchtig. Eifersüchtige gibt es überall und in jedem sozialen Gefüge. Andere sind eifersüchtig auf dich, wenn du dich traust zu sprechen. Darauf, dass du im Stoff mitgekommen bist und die Frage des Lehrers beantwortet hast. Alle wissen, dass aktive Schüler meistens bessere Noten bekommen, damit kommt der Neid wie das Amen im Gebet. Die meisten mögen das Gefühl nicht, schlechter als andere zu sein. Das ist oft der Grund für böses Gerede und Konflikte in Klassen. Keiner will ja schlechtere Noten haben als der andere. Aber denk dran, dass ehrliche und faire Klassenkameraden mit einem guten Selbstwertgefühl dich immer unterstützen und zu dir stehen werden. Sie haben es nicht nötig, mit dummen Kommentaren anzukommen. Du überwindest den Neid der anderen, indem du nur noch mehr tust. Wenn dich jemand auslacht oder kommentiert, dann ist das Schlimmste, was du tun kannst, still zu sein. Lass dich niemals durch den Neid der anderen zum Schweigen bringen.

DU HAST DOCH NICHT VOR,
DICH VOM NEID DER ANDEREN
ZUM SCHWEIGEN BRINGEN ZU LASSEN?

_ Was ist Kriecherei?

Hast du einmal darüber nachgedacht, was »kriechen« bedeutet? Ist es Kriecherei, wenn du vor der Klasse antwortest, wenn ein Lehrer etwas fragt? Zählt es zur Kriecherei, wenn du »Hallo!« und »Tschüss!« zu deinen Lehrern sagst? Bist du ein Kriecher, wenn du mit deiner Lehrerin scherzt oder sie fragst, wie es ihr geht?

IST ES KRIECHEREI, WENN DU SCHNELLER
ALS DIE ANDEREN IN DER KLASSE ANTWORTEST,
WENN EIN LEHRER ETWAS FRAGT?

Meistens verbinden wir Kriecherei mit jemandem, der übertrieben nett und ein wenig falsch ist. Die Grenze zwischen dem, was Kriecherei ist, und was nicht, ist ziemlich diffus. Du brauchst keine Angst davor zu haben, manchmal Dinge zu sagen, die anderen kriecherisch erscheinen können. Meistens ist das, worum es sich handelt, eigentlich keine Kriecherei. Wenn du nett und höflich bist, kann das als kriechen verstanden werden. Aber in Wirklichkeit bist du nur sozial kompetent, etwas, was Neid erwecken kann, denn alle wollen sozial kompetent sein. Ich fordere dich nicht auf, deiner Lehrerin zu erzählen, dass sie hübsche Augen hat, dass sie gut riecht oder dass sie einen hübschen Pullover anhat. Ich meine, dass du deinen gesunden Menschenverstand gebrauchen und nett sein sollst. Dass du deinem Gesprächspartner in die Augen schauen und deinen Charme einsetzen sollst. Wenn das dann jemand als Kriecherei auffasst, dann sagt das mehr über diese Person aus als über dich. Sei du selbst und sei natürlich! Scherze mit der Lehrerin (aber mit Maß und Ziel), plaudere ein wenig über andere Dinge im Leben außer die Schule, wenn sich die Gelegenheit bietet, frage und sei engagiert.

_ Kleine Dinge ergeben ein Ganzes

»Entschuldigung, ich hab meinen Stift vergessen, können Sie mir vielleicht einen borgen?«, »Ich hab mein Buch verloren, gibt es vielleicht die Möglichkeit, dass ich ein neues bekommen kann?«, »Entschuldigen Sie, dass ich zu spät komme, aber der Bus war spät, da konnte ich leider gar nichts machen.«

Erkennst du dich wieder? Es gibt sicher Hunderte andere Entschuldigungen, mit denen Schüler ankommen. Aber wenn dir ein Missgeschick passiert, sollte das etwas sein, wofür du wirklich nichts konntest, und nicht so unnötige Dinge wie einen Stift zu vergessen. Es sollte sich nicht darum handeln, ein Buch verloren oder sich verspätet zu haben. So etwas macht einen schlampigen und zerstreuten Eindruck. Nach ein paar solchen Situationen wirst du als schlampig abgestempelt. Diese Kleinigkeiten bilden nach einer Weile ein Ganzes und es wird schwer, da wieder herauszukommen.

Denk daher an all die Dinge, die vielleicht nicht wichtig scheinen, aber auf Dauer entscheidend sein können. Komm immer rechtzeitig, hab stets extra Stifte und Radiergummi mit, und wenn du sie doch einmal vergessen solltest, sieh zu, immer Ersatz im Spind zu haben. Im schlimmsten Fall fragst du einen Klassenkameraden, ob er dir etwas borgen kann. Der Lehrer sollte der letzte sein, den du fragst. Ein Schüler, der einen schlampigen und zerstreuten Eindruck macht, wird es definitiv schwerer haben, eine Eins zu bekommen.

_ Betrachte die Schule als einen Job und zeig Interesse

Zeig, dass du dich für alle Fächer interessierst. Betrachte die Schule als deinen Job! Wenn du in einem Job arbeitest, musst du deinem Chef zeigen, dass du an allem interessiert bist, was du machst. Zeig auf dieselbe Weise deinem Lehrer, dass dich sein Fach interessiert. Versuche, alle Fächer positiv zusehen. Betrachte sie einfach als Quelle zu noch mehr Wissen, das deine Allgemeinbildung erweitert und deine Intelligenz steigert.

Manche Menschen schuften mit den Händen, um Autos zu reparieren, andere trainieren ihren Körper, um in verschiedenen Sportarten erfolgreich zu sein. Verwende das Gehirn dazu, Informationen aufzunehmen und zu verstehen und später zu Papier zu bringen, was du kannst und verstanden hast. Auch der allerbeste Job scheint dann und wann langweilig. Dasselbe gilt für die Schule. Dass es manchmal langweilig ist, ist kein Grund aufzugeben.

Nimm ruhig auch an Mathematik-Wettbewerben teil oder an politischen Rollenspielen, wenn es das bei euch gibt. Du kannst auch in Vereinen an der Schule mitmachen, in denen Lehrer etwas organisieren. Auf diese Weise zeigst du, dass du engagiert bist. Diese Arten von Aktivitäten bringen dir »Extrapunkte«.

An dem Tag, an dem deine Lehrer darüber nachdenken, ob du eine Eins oder eine Zwei bekommst, werden sie eine Gesamtbeurteilung vornehmen und sich fragen: Arbeitest du aktiv mit im Unterricht? Hast du an Aktivitäten teilgenommen? Bist du gewissenhaft? Bist du freundlich? Unbewusst werden sie auch deinen Charme, deinen Humor und dein Engagement mit einbeziehen. Zeig deshalb, dass du eine nette Person bist, offen für neues Wissen und ehrgeizig in allen Fächern.

_ Lern deinen Lehrer kennen und sei flexibel

Jeder Lehrer ist anders, und das bedeutet, dass jeder Lehrer einen anderen Blick auf einen Schüler und seine Fertigkeiten haben kann. Es gilt also, sich einzufühlen, wie gerade deine Lehrer funktionieren, und dich entsprechend anzupassen. Scherzt ein Lehrer nicht so viel, dann sei auch du eher diskret und ernsthaft. Macht einer gerne Späße, sei dabei! Lach mit!

ES GIBT KEIN „GUT" ODER „SCHLECHT" BEI VERSCHIEDENEN LEHRERN. DU BEGEGNEST IHNEN EINFACH AUF UNTERSCHIEDLICHE WEISE

Wenn du einen Lehrer hast, der nicht übertrieben pädagogisch ist, versuch die Situation einfach zu nehmen wie sie ist. Wenn du nicht alles im Unterricht lernst, erarbeite dir den Rest einfach selbst! Sieh zu, dass du das kannst, was der Lehrer von dir erwartet. Es gibt kein »gut« oder »schlecht«

bei verschiedenen Lehrern. Es gibt kein »schwer« oder »leicht«. Du begegnest ihnen einfach auf unterschiedliche Weise.

Das bedeutet mit anderen Worten, ein guter Menschenkenner zu sein und herauszufinden, was ein Lehrer von dir will. Wenn du das kannst, wirst du so weit kommen, wie du willst, auch nach der Schule. Das Grundkonzept ist also, dass du versuchst, dich in die Situation des Lehrers zu versetzen. Überleg dir, wie du dir einen Einser-Schüler vorstellen würdest.

Zusammenfassung

Mit deinen Lehrern zurechtkommen

- Eine freundliche Art deinen Lehrern gegenüber bringt dir »Extrapunkte«, die du später einmal brauchen könntest. Das Grundkonzept ist einfach: Sei freundlich, nett, höflich und interessiert.
- Wenn die Chemie zwischen dir und einem deiner Lehrer nicht stimmt, solltest du dich trotzdem respektvoll und höflich benehmen. Du musst nicht jeden mögen, aber du kannst dich so verhalten, als ob du das tätest.
- Der erste Eindruck ist unglaublich wichtig! Sieh zu, dass du von Anfang an positiv auffällst, dass du gesehen, gehört und bemerkt wirst.
- Gib dein Bestes, um in einem neuen Fach bereits auf deine allererste mündliche Prüfung, die allererste schriftliche Arbeit, dein allererstes Referat eine Eins zu bekommen, das macht einen besonders guten ersten Eindruck!
- Charmante Menschen sind beliebt. Hol deinen Charme und deinen Humor hervor.
- Sei in den Unterrichtsstunden aktiv. Frag, zieh eigene Schlüsse und komm mit klugen Ansichten.
- Überwinde deine Schüchternheit, nimm deinen Platz ein, verschaff deiner Stimme Gehör. Denk dran, dass es ganz natürlich ist, am Anfang schüchtern zu sein, dass du deine Schüchternheit aber rasch überwinden kannst, wenn du keine so große Sache daraus machst.

- Kümmere dich nicht um Klassenkameraden, die kichern und dumme Kommentare abgeben. Sie sind nur neidisch auf dich, weil du fleißig bist und dich traust, aktiv zu sein.
- Manche finden es kriecherisch, mit Lehrern über Persönliches zu sprechen. Das ist es nicht. Es zeigt, dass du natürlich bist, ungezwungen und sozial kompetent.
- Sei nicht schlampig. Hab immer alle deine Sachen in der Klasse mit. Verlier keine Bücher und komm nicht zu spät. Zeig, dass du ordentlich bist!
- Die Schule sollte wie dein Job sein, in dem du zeigst, dass du stets interessiert bist, auch wenn es einmal langweilig ist. Mach bei Aktivitäten außerhalb des Unterrichts mit, wie zum Beispiel bei Mathematik-Wettbewerben und ähnlichem.
- Pass dich an den Stil des jeweiligen Lehrers an und sei flexibel. Es ist nichts Schlechtes, in anderen Menschen zu lesen, um einen guten Eindruck auf sie zu machen. Das ist etwas, was wir in Wahrheit in allen sozialen Situationen tun – zumindest wenn wir hellhörig sind!

7. Deine Klassenkameraden

Die Menschen in deiner Umgebung beeinflussen dich. Soziale Beziehungen sind notwendig für dein Überleben, sie beeinflussen deine Gedanken, deine Gefühle, dein Verhalten. Während deiner Schulzeit wirst du eine Menge Menschen treffen, mit den einen mehr und mit anderen weniger Kontakt haben. Es gilt also zu überdenken, mit wem aus der Klasse du Umgang hast, denn das lenkt auch deine Entscheidungen im Leben.

_ Du wirst von deinen Schulkollegen beeinflusst

Deine Voraussetzungen, in der Schule erfolgreich zu sein, haben nicht nur mit dir als Person zu tun, sondern in hohem Ausmaß auch mit den Menschen in deiner Umgebung. Ist dir schon einmal aufgefallen, dass Raufbolde miteinander unterwegs sind, während die Gewissenhaften ihren eigenen Umgang haben? Mitglieder einer Gruppe beeinflussen einander, was sie einander ähnlicher macht. Landest du daher in einer Gruppe von Schülern, für die es wichtig ist, erfolgreich zu sein, wirst du davon angesteckt werden. Deshalb ist es so wichtig, dass du von Anfang an darüber nachdenkst, mit wem du die Schulzeit verbringst.

In jeder Klasse sind Schüler, die mehr drauf haben als andere, was sich auch in den Noten widerspiegelt. Für gewöhnlich haben ehrgeizige Schüler Umgang miteinander. Das ist ein Muster, das man überall findet. Wenn du die Schule gut schaffen willst, solltest du daher darüber nachdenken, wie du in eine solche Gruppe hineinkommst, und dir deine Freunde aktiv aussuchen. Dann wirst du dich immer weiter entwickeln und motiviert sein zu lernen. Das führt zu einer positiven Spirale, die dir eine enorme Hilfe sein wird. Auf diese Weise kannst du ständig wachsen und Motivation für das Lernen bekommen. Entscheidest du dich dagegen dafür, mit unmotivierten Leuten herumzuhängen, kannst du in deinem Fortschritt gebremst werden. Das kann auf lange Sicht tatsächlich zu einem schlechteren Leben führen.

Achtest du darauf, mit cleveren und lernmotivierten Kameraden zusammen zu sein, wirst du auch cleverer werden und mehr drauf haben. Umgekehrt wirst du fauler, wenn du mit faulen Schulkollegen herumhängst. Ich kann dir versprechen, dass das so funktioniert – ich hab das während meiner Jahre als Schüler mit eigenen Augen gesehen. Folge daher meinem Rat und überlege dir, wer dich in deiner Entwicklung fördern und wer dich hemmen kann.

_ Vergleiche dich mit anderen

Wir vergleichen uns jeden Tag mit anderen – mit Superstars genauso wie mit nahen Freunden. Auch wenn du dich zuallererst immer auf dich selbst besinnen solltest, ist es gut, wenn du im Auge behältst, wo du im Verhältnis zu anderen stehst. Die anderen werden so zu deiner »Kontrollbasis«. Wenn dein Niveau viel höher liegt als das der anderen und du Top-Noten bekommst, solltest du so weitermachen. Lehn dich aber nicht zurück. Sobald du merkst, dass du beginnst abzufallen oder sich dir jemand anderer nähert, läuten in deiner »Kontrollbasis« die Warnsignale. Merkst du, dass du in einem oder mehreren Fächern ins Hintertreffen geraten bist, sollte dir das Feuer unterm Hintern machen. Fühl dich aber nicht schlecht! Lass dich stattdessen anstecken vom Erfolg der anderen und nimm dir vor, ihr Niveau zu erreichen.

LASS DICH VOM ERFOLG ANDERER
ANSTECKEN UND NIMM DIR VOR,
EBENFALLS IHR NIVEAU ZU ERREICHEN!

Dir hat sicher schon einmal jemand gesagt, dass du dich nicht mit anderen vergleichen sollst. Das sagen aber alle nur deshalb, damit du dich nicht schlecht fühlst. Mein Rat ist, dass du dich natürlich ver- gleichen kannst, allerdings ohne dabei negative Energie bei dir zu erzeugen! Siehst du dir erfolgreiche Menschen an, kannst du heraus nden, wie sie es machen. Große, welt- weit führende Unternehmen bedienen sich dieses Prinzips, um ständig den Anforderungen zu genügen. Sie sehen sich ihre Konkurrenten an und überlegen, was sie von ihnen ler- nen könnten. Außerdem sehen sie sich an, welche Fehler die Konkurrenz macht, und achten sorgfältig darauf, diese nicht zu wiederholen. Das solltest du genauso machen, wenn es um deine Kameraden geht.

_ Du senkst die Ansprüche, wenn du der Beste in deiner Gruppe bist

Wenn du dir eine Gruppe aussuchst, in der du immer der Beste bist, wirst du dich entspannen und das Gefühl haben, dass alles gut läuft, obwohl du nicht kämpfst. Du senkst den Anspruch an dich selbst und beginnst, dich mit schlechteren Resultaten zufriedenzugeben. Das ist, wie wenn du mit einem Fünfjährigen Tischtennis spielen sollst. Das wird kaum dazu führen, dass du dich in deinem Spiel weiterentwickelst. Spielst du stattdessen mit einem Elitespieler, wird er zwar vielleicht immer gewinnen, aber du wirst garantiert eine Menge lernen, wenn du verlierst. Dasselbe gilt für die Schule.

Ehrgeizige Kameraden widmen dem Lernen auch mehr Zeit, was dich anspornen kann, dasselbe zu tun. Umgibst du dich mit Menschen, die die Arbeit in der Schule scheuen, ist das Risiko groß, dass du auch damit anfängst. Die Wahrscheinlichkeit ist auch größer, dass sie dich zu Freizeitaktivitäten überreden wollen, die dir Zeit fürs Lernen stehlen. Vergleich das mit einem Klassenkameraden, der sagt: »Nein, das schaff ich zeitlich nicht. Ich muss lernen.« Vielleicht erscheint dir das ein wenig trostlos, aber denk dran, wie gut es für dich ist, wenn du dasselbe tust wie er und den Fokus auf dein Ziel richtest – nämlich ein fantastisches Leben nach der Schule!

_ Mit wem willst du Gruppenarbeiten machen?

Du solltest also gleich von Anfang an darauf achten, in der Klasse Kollegen zu finden, die dieselben Ziele und Wertvorstellungen haben wie du selbst. Ehrgeizige und hilfsbereite Kameraden können dich anspornen, und gemeinsam schafft ihr eine Gruppe, die sich gegenseitig stärkt. Wenn du in einer neuen Klasse beginnst, hast du keine Ahnung, wer tüchtig ist. Am Anfang sind alle aufgeweckt und motiviert, was es schwer machen kann, die ehrgeizigsten Schüler zu finden. Aber oft zeigt sich das nach den ersten Prüfungen. Die, die von Anfang an gute Noten bekommen, sind mit großer Wahrscheinlichkeit ehrgeizig. Eine andere Möglichkeit, herauszufinden, wer tüchtig ist, ist gut hinzuhören, wie sie Fragen stellen, Fragen beantworten und wie sie verschiedene Inhalte diskutieren.

Auf dem Gymnasium gibt es viele Gruppenarbeiten. Deshalb ist es wichtig, Personen zu finden, die sich geschickt anstellen, genau wie du selbst. Bei Gruppenarbeiten mit fähigen Schülern kannst du viel lernen. Wenn du die Teile der Arbeit liest, die die anderen gemacht haben, kannst du dir all die Goldkörnchen herauspicken, die sie eingebracht haben, und sie selbst in zukünftigen Arbeiten anwenden. Wenn du stattdessen mit Schülern zusammenarbeitest, die sich nicht besonders anstrengen, wirst du die ganze Zeit über nicht sicher sein, ob die Arbeit im Ganzen gut wird. Außerdem besteht dabei das Risiko, dass du dich abschuften musst, weil die anderen ihren Teil nicht erledigen. Sie sind

Trittbrettfahrer auf deine Kosten. Das ist weder lustig noch gerecht.

Deine tüchtigen Kollegen schreiben vielleicht bessere Aufsätze als du und sie sind vielleicht besser bei ihren mündlichen Auftritten, aber wenn du mit ihnen in Kontakt bist, lernst du schnell von ihnen. Als Superschüler strebst du danach, besser als die Tüchtigsten zu werden. Zeig mir deine Freunde und ich sag dir wer du bist, heißt es!

_ Ein tüchtiger Klassenkamerad kann dir helfen

Wenn du wenig Zeit hast, musst du manchmal ein wenig egoistisch sein. Musst du die ganze Zeit denen helfen, die schlechter sind, schaffst du es vielleicht zeitlich nicht, deine eigenen Sachen zu erledigen. Versteh mich nicht falsch – selbstverständlich solltest du ein guter Kamerad sein und anderen helfen, wenn du kannst. Aber achte auch darauf, jemanden zu haben, der dir hilft! Ich rate dir deshalb, dir einen tüchtigen Schüler als Kameraden zu suchen. Der kann dir dann bei schwierigen Aufgaben aus dem Mathe-Buch helfen, kann dir helfen, einen Text zu verstehen, oder mit etwas anderem, das mit dem Lernen zu tun hat. Einen tüchtigen Kameraden an deiner Seite zu haben, ist auch von Vorteil, wenn du einmal krank sein solltest oder aus einem anderen Grund nicht zum Unterricht kommen kannst. Dann kannst du dich darauf verlassen, dass dein Kollege eine gut lesbare und strukturierte Mitschrift hat, die du verwenden kannst.

SELBSTVERSTÄNDLICH SOLLTEST DU EIN GUTER KAMERAD SEIN UND ANDEREN HELFEN, WENN DU KANNST, ABER SIEH AUCH ZU, DASS DU JEMANDEN HAST, DER DIR HILFT!

Eine Partnerschaft, bei der man einander hilft, führt auf längere Sicht auch oft zu einer tieferen Freundschaft. Glaubst du, es ist Zufall, dass die beiden Gründer von *Google,* Larry Page und Sergey Brin, Freunde sind. Oder dass *Microsoft* von den Freunden Paul Allen und Bill Gates gegründet wurde? Natürlich nicht! Clevere und kreative Menschen hat es seit jeher zueinander hingezogen und sie haben erfolgreiche Projekte miteinander gestartet. Wenn du meinem Rat folgst und dir einen tüchtigen und cleveren Kameraden suchst, werdet ihr mit der Zeit Freunde werden. Ihr könnt miteinander lernen, unterwegs sein, coole Sachen machen und einander helfen. Die Zukunft wird weisen, wie weit ihr zusammen gehen könnt!

_ Es ist nicht falsch, sich seine Kameraden auszusuchen

Manchmal werde ich gefragt: »Ist es nicht falsch, sich tüchtige Kameraden auszusuchen?« Die Antwort lautet »Nein!« So wie du deine Freunde in der Freizeit ausgehend von deinen sozialen Ansprüchen wählst, kannst du auch deine Klassenkameraden nach deinen Zukunftszielen wählen. Die

Schule ist wirklich kein Treffpunkt, wo du dich zum Spaß mit anderen triffst. Sie ist ein ernsthafter Fulltimejob, der Spuren in deiner Zukunft hinterlassen wird.

In der Geschäftswelt umgeben sich Geschäftsleute mit den Cleversten, Besten und Geschicktesten, da sie wissen, dass sich dadurch ihr eigenes Unternehmen entwickelt. Faul zu sein ist eine aktive Entscheidung, und du bist es, der diese Entscheidung trifft. Es gibt keine Entschuldigung dafür, dass einem die Schule egal ist. Man kann sich zusammenreißen und ein besserer Schüler werden. Jene, die sich nicht anstrengen, müssen die Verantwortung dafür selbst übernehmen. Sie wählen schlechtere Noten und damit eine schlechtere Zukunft für sich selbst. Du bist wirklich nicht verpflichtet, mit ihnen zu tun zu haben.

Gibt es in der Klasse jemanden, mit dem du in der Schule Zeit verbringen willst, kannst du ihm sagen, dass es für euch beide gut sein könnte, wenn ihr einander helft und zusammenarbeitet. Merkst du andererseits, dass ein weniger tüchtiger Schüler Kontakt zu dir sucht, solltest du deutlich sein und ihm von deinen Zielen erzählen. Ist er dann noch immer interessiert an eurem Umgang in der Schule, muss er genauso hart arbeiten wie du. Sonst könnt ihr euch außerhalb der Schule treffen, wenn du Zeit für anderes hast. Denk dran: Es liegt allein an dir, dich um deinen Erfolg zu kümmern. Aber ein wenig Hilfe auf dem Weg schadet nicht.

_ Versuche, Klassenbester zu sein

Zeige, dass du Klassenbester sein willst. Mach klar, dass du für deine Ziele kämpfst. Dann werden sich andere, die dieselben Absichten haben, um dich sammeln.

Ich musste mich nie um tüchtige Freunde in der Klasse bemühen. Sie kamen stattdessen immer zu mir. Ich habe mir bewusst den Umgang mit Leuten ausgesucht, die mir helfen und etwas dazu beitragen konnten, noch erfolgreicher zu sein. Ich war mit jenen zusammen, die ihre Sache gut machten. Menschen, die mir wirklich geholfen haben, wenn es nötig war. Erst jetzt, im Nachhinein, erkenne ich, wie wichtig es ist, solche Menschen um sich zu haben.

Zeig deshalb, dass du fleißig bist und was du drauf hast, dann wird man dich auch mögen. Andere Schüler werden auf dich zugehen und dir Fragen stellen, sie werden dich um deine Hilfe bitten und um deine Meinung zum Lernstoff fragen. Wenn du intelligent wirkst, bekommst du auch die entsprechende Aufmerksamkeit in der Klasse, deine Gedanken bekommen Bedeutung und man wird in jeder Diskussion darauf hören, was du zu sagen hast. So sieht auch dein Lehrer, dass du ehrgeizig bist, das erhöht deinen Status zusätzlich.

_ Sei immer ein wenig wettkampforientiert

Wettkampforientiert zu sein ist positiv, wenn es um Leistung geht, das weiß in der Sportwelt jeder. Das kannst du dir für die Schule zum Vorbild nehmen. Hast du erst einmal einen Freund gefunden, der dieselbe Einstellung zur Schule hat wie du, könnt ihr ein wenig miteinander wetteifern. Aber übertreibt es nicht. Allzu starkes Wetteifern hat oft negative Folgen, wie Neid, Missgunst und Lügen.

Stachelt euch stattdessen gegenseitig auf positive, spielerische Weise zu immer besseren Leistungen an. Das bringt euch beide weiter und spornt euch an, noch viel mehr zu leisten, als ihr für möglich gehalten hättet. Wenn ihr beide schon wirklich tüchtig seid und Einsen in den meisten Prüfungen und Arbeiten bekommen habt, wird die Höchstnote selbst keine große Herausforderung sein. Die größte Herausforderung wird dann sein, einander im Ergebnis zu schlagen. Auf diese Weise macht ihr euch gegenseitig Druck, noch härter zu lernen. Einsen werden eine Selbstverständlichkeit. Jetzt richtet sich der Fokus darauf, der Beste zu sein.

Aber übertreibt es nicht. Lass es etwas sein, was euch motiviert, jedes Mal noch ein wenig härter zu lernen. Wenn ihr merkt, dass es anfängt, zu viel zu werden, solltet ihr miteinander reden und Grenzen setzen. Es sollte nie so werden, dass du beginnst, den anderen als Konkurrenten zu sehen.

Zusammenfassung

Deine Klassenkameraden

- Du wirst stark beeinflusst von den Menschen, die dich umgeben. Such dir daher ehrgeizige Kameraden mit Intelligenz, Ambition und derselben Einstellung zur Schule wie du. Sie bringen dich weiter auf deinem Weg zu Bestnoten. Ihr beeinflusst euch auch außerhalb der Schulzeit gegenseitig und es wird normal für euch sein, der Arbeit für die Schule den Vorrang zu geben.
- Vergleich dich von Zeit zu Zeit mit Gleichaltrigen, um zu sehen, wo du im Verhältnis zu ihnen stehst. Auf diese Weise bekommst du ein Gefühl dafür, ob du einen höheren Gang einlegen musst oder ob du so, wie du im Moment unterwegs bist, gerade richtig fährst.
- Streb danach, immer der Klassenbeste zu sein, und zeig das auch. Dann werden andere Schüler Umgang mit dir haben wollen und so kannst du dir aussuchen, mit wem du zusammensein willst. Das verschafft dir auch einen höheren Status innerhalb der Klasse und rückt dich in den Mittelpunkt.
- In der Schule gibt es viele Gruppenarbeiten. Hast du tüchtige und ehrgeizige Kameraden, mit denen du die Gruppenarbeiten zusammen machen kannst, werdet ihr gemeinsam einen Top-Job machen. Außerdem riskierst du nicht, dass du dasitzt und das meiste selbst erledigen musst, was passieren kann, wenn deine Kollegen keine eigene Energie in die Arbeit stecken.
- Wetteifere ruhig mit den Tüchtigsten der Klasse. Wenn du gemeinsam mit einem fähigen Schulkollegen einen spielerischen Wettkampf beginnst, wird das zu einer enormen Entwicklung bei euch beiden führen.

8. Wie du auf alle Prüfungen Einsen bekommst

Das Allerwichtigste ist die Vorbereitung. Das klingt selbstverständlich, aber tatsächlich ist mangelnde Vorbereitung die häufigste Ursache dafür, dass es bei Prüfungen nicht gut läuft. Um Einsen zu bekommen, musst du viel wissen. Du musst also alles lernen, was verlangt wird, und überprüfen, ob es am Prüfungstag auch wirklich sitzt. Bist du gut vorbereitet, wird es in der Regel keine Probleme geben.

_ Finde heraus, was zur Prüfung kommt

Es kann schwierig sein, vor einer Prüfung genau zu wissen, was du können sollst. Es besteht immer das Risiko, dass du etwas nicht gelernt hast, weil du nicht wusstest, dass es prüfungsrelevant ist. Das darf nicht passieren! Deshalb musst du zusehen, dass du vor deinen Prüfungen ganz genau weißt, was du können musst – das ist mindestens so wichtig wie das Lernen selbst. Lies das Informationsblatt durch, wenn es eines gibt, kontrolliere gemeinsam mit den Klassenkameraden und dem Lehrer, was zur Prüfung kommt. Gib dich nicht zufrieden, bevor nicht ganz eindeutig klar ist, was du können musst. Wenn du das erst einmal weißt, dann ist das Erlernen des Stoffes ziemlich einfach, besonders, wenn du meinen Methoden folgst.

Die Information darüber, was von dir erwartet wird, bekommst du von deinem Lehrer. Wenn du dich unsicher fühlst, solltest du noch einmal nachfragen. Du kannst ruhig erwähnen, dass du eine Eins auf die Prüfung bekommen willst. Frag, ob es bestimmte Kapitel, Bereiche oder Dinge gibt, die du dafür beherrschen solltest. Schäm dich nicht, zu fragen. Du hast ein Recht auf diese Information.

_ Lös Fragen und Aufgaben

Die meisten Kurse haben einen Fragenpool, aus dem Lehrer Fragen auswählen und Prüfungen zusammenstellen. Manche Lehrer formulieren lieber eigene Fragen, die aber im Schwierigkeitsgrad und Frageinhalt jenen aus dem Fragenpool und aus früheren Prüfungen gleichen. Ihre Fragen orientieren sich also meistens an alten Prüfungen oder gleichartigen Informationen aus deinem Lehrbuch.

Wenn du etwas lernen sollst, geht es nicht nur darum, Information in dein Gehirn zubekommen. Mindestens genauso wichtig ist es, dass du das Wissen strukturieren und verarbeiten kannst, sodass du Gedankengänge logisch nachvollziehen kannst. Das kannst du trainieren, indem du Fragen und Aufgaben löst – eine geniale Weise, sich Dinge einzuprägen. Leichter wird es auch, wenn du Neues mit Dingen verbindest, die du bereits kennst, also Zusammenhänge verstehst. Du siehst auch, auf welche Fragen du nicht antworten kannst – dann gehst du im Buch zurück und liest dir noch mehr rund um das durch, was du nicht kannst. Wenn du ausreichend viele Fragen und alte Prüfungen durchgehst, deckst du bei der Prüfung den gesamten Inhalt ab.

Ich habe immer viele alte Prüfungsaufgaben geübt. So war ich in der Regel so gut vorbereitet, dass ich die meisten Fragen bei der Prüfung sofort wiedererkannt habe. Manchmal kamen sogar identische Fragen von früheren Prüfungen, was mir Gratispunkte einbrachte.

_ Schlaf dich am Abend vor der Prüfung aus

Du solltest nicht müde zur Prüfung gehen. Du musst dich maximal konzentrieren. Dafür ist es notwendig, dass du in der Nacht davor ordentlich geschlafen hast. Ich weiß, dass Schlaf etwas ist, bei dem viele Schüler einen Kompromiss eingehen, aber tu das auf keinen Fall am Abend vor deiner Prüfung. Sieh zu, dass du zumindest sechs Stunden Schlaf bekommst, am besten noch mehr.

Die ganze Nacht vor der Prüfung aufzubleiben, empfehle ich nicht. Meist wirst du dabei so müde, dass du gar nicht mehr richtig lernen kannst. Da hilft auch viel Kaffee nichts. Du gehst ein großes Risiko ein. Müdigkeit beeinflusst nämlich sowohl die Konzentrationsfähigkeit als auch das Gedächtnis negativ. Besser ist es, rund sechs Stunden zu schlafen und dann in der Früh ein paar Stunden früher aufzustehen und deine Mitschrift noch ein letztes Mal vor der Prüfung durchzugehen.

_ Bau einen mentalen Fokus auf

Steh am Prüfungstag rechtzeitig auf, iss ein gesundes Frühstück, sei pünktlich im Prüfungsraum. Das Letzte, was du brauchen kannst, ist Stress. Ein hoher Stresshormonspiegel beeinflusst das Erinnerungsvermögen negativ, was dir bei der Prüfung unnötigerweise wertvolle Punkte kosten kann. So etwas ist mit ein wenig einfacher Planung leicht zu vermeiden. Sieh daher zu, dass du dir keine Sorgen machen musst, dass du zu spät aufwachst, den Bus versäumst oder aufgrund schlechten Wetters oder etwas anderem nicht rechtzeitig ankommst.

Nimm auch Stifte und Radiergummi mit, schalte das Handy ab, geh hinein und setz dich nieder. Sei ruhig und gelassen. Du hast sicher gehört, dass ein wenig Nervosität gut ist. Es stimmt, dass dich ein mäßiges Kribbeln im Körper aufmerksam macht und den Spiegel jener Hormone erhöht, die sich günstig auf das Gedächtnis auswirken. Zu viel Stress dagegen ist gar nicht gut. Anders formuliert: Es ist in Ordnung, dass du ein bisschen nervös bist, wenn du trotzdem spürst, dass du im inneren Gleichgewicht bist.

Wenn du dann bei der Prüfung sitzt, solltest du an nichts anderes mehr denken als an die Prüfung. Du solltest nicht das Telefon abschalten oder dich stressen müssen, weil du dir einen Stift ausborgen musst, wenn du deinen vergessen hast. Es ist notwendig, dass du »zu dir selbst kommst« und dich voll auf das konzentrierst, was du gelernt hast, darauf, wie du auf Fragen antworten und sie analysieren sollst. Plaudere daher nicht mit Kollegen, sondern versuche, in eine konzentrierte Stimmung zukommen, in der du dich nicht durch unnötige Dinge ablenken lässt.

Ich vergesse nie einen Vormittag, an dem sich ein Klassenkamerad höchst eigenartig verhielt. In jeder Pause saß er ganz allein da und starrte nur an die Wand. Als es Zeit wurde, zur Prüfung zu gehen, stand er ruhig auf und ging mit gesenktem Blick zum Prüfungsraum. Ich fragte ihn: »Ist etwas passiert?« Da blickte er mir geradewegs in die Augen und sagte: »Nein, Raman, ich bin nur voll konzentriert.« Er schrieb eine Eins auf die Prüfung. Seine Aussage hat mich stark berührt. Ich habe verstanden, dass Körpersprache mit Konzentration zusammenhängt.

Du kannst also nicht herumflattern und ganz aufgedreht sein in den Minuten vor der Prüfung oder wenn du in der Pause hinausgehst, um dich dann ein paar Sekunden später zu beruhigen und konzentriert und gelassen genug sein, um deine Prüfung zu schreiben. Sich maximale Konzentration zu verschaffen, fordert ein wenig Zeit. Störst du dich selbst in diesem Prozess, muss dein Körper wieder von vorn anfangen. Du verlierst Zeit. Konzentration ist also viel mehr, als nur still im Prüfungsraum zu sitzen. Wenn du maximale Konzentration aufbauen willst, ist es notwendig, dass du dich vorbereitest und die Konzentration während der gesamten Prüfung aufrechterhältst.

_ Ein stabiles Energieniveau aufrechterhalten

Achte darauf, dass du ordentlich gegessen hast vor der Prüfung, damit du nicht hungrig wirst. Signalisiert dein Gehirn erst einmal Hunger, verlierst du bereits Energie. Setzt das Hunger-/Verhunger-Gefühl ein, sind nur noch wenige Ressourcen für Gedächtnis und Konzentration vorhanden. Du solltest dich aber auch nicht zu satt essen. Ein Teil des Blutflusses des Gehirns geht sonst für den Verdauungsvorgang verloren und du wirst müde und schläfrig. Iss also eine normale Mahlzeit vor der Prüfung. Nimm dir auch ein kleines Stück Schokolade oder etwas anderes Süßes mit, von dem du ungefähr alle zehn Minuten einen Bissen nimmst. Auf diese Weise erhöhst du den Zuckerspiegel und die Energie in deinem Körper und kannst besser Leistung erbringen. Aber denk dran, dass rasch verfügbare Kohlenhydrate (wie die in Schokolade) den Blutzuckerspiegel auch schnell wieder abfallen lassen. Deshalb ist es wichtig, dass du den Blutzuckerspiegel während der ganzen Stunde beziehungsweise der gesamten Zeit, in der du die Prüfung schreibst, aufrechterhältst.

Mehrere Studien haben gezeigt, dass Konzentrationsfähigkeit, Leistungsfähigkeit und Erinnerungsvermögen steigen, wenn du Kaugummi kaust. Das Kauen kurbelt die Blutzirkulation im Gehirn an, erhöht die Herzfrequenz, die Sauerstoffaufnahme und den Sauerstofftransport zum Gehirn. Sieh also zu, dir einen Kaugummi in den Mund zu stecken vor der Prüfung. Aber kau leise, damit du die anderen nicht störst!

_ Wie du es während der Prüfung machst

Hast du dich also hingesetzt, um deine Prüfung zu schreiben, schließe kurz die Augen und atme tief durch, bevor du dir die ersten Fragen ansiehst. Manche Schüler sehen sich gern erst einmal alle Prüfungsfragen an, bevor sie mit dem Beantworten beginnen. Das ist ganz ok, wenn das etwas ist, woran du gewöhnt bist. Gewisse Studien deuten jedoch darauf hin, dass das auch unnötigen Stress und Verwirrung auslösen kann. Du liest dabei vielleicht eine Frage, von der du weißt, dass du unsicher bist, was dich unnötig beunruhigt und dir Angst macht. Außerdem kannst du dadurch Zeit verlieren, wenn du an einer Frage hängenbleibst, die du gelesen hast, und nachzudenken beginnst, ob du sie kannst oder nicht. Es ist daher in der Regel besser, am Anfang zu beginnen und eine Frage nach der anderen zu beantworten.

Lies dir die erste Frage mindestens zweimal durch, bevor du sie beantwortest. Mach das dann bei allen anderen Fragen so, um sicherzugehen, dass du alles richtig verstanden hast. Auf diese Weise musst du nichts ausradieren und den Text noch einmal schreiben, wenn du etwas Falsches geschrieben hast. Das spart Zeit. Viele Schüler machen den Fehler, auf etwas zu antworten, was nicht gefragt ist. So verlieren sie viele Punkte. Lies dir die Fragen deshalb sorgfältig durch und bitte deine Lehrerin, dass sie eine Frage, die du nicht verstehst, erklärt. Frag lieber einmal zu viel als zu wenig!

Weißt du die Antwort auf eine Frage nicht, bleibt dort stehen und lies dir die Frage mehrere Male durch. So wird die Frage in deinem Gehirn wiederholt und das Wissen, das sich in deinem Kopf gefestigt hat, kann nach einer Weile mit der Frage verbunden werden. Geh in Gedanken jede Seite, die du gelernt hast, noch einmal durch. Versuche, dich zu erinnern. Versuche herauszufinden, ob etwas, das du gelesen hast, etwas mit der Frage zu tun haben kann. Wenn du diese Methode systematisch anwendest, wirst du meistens auf etwas kommen, was du hinschreiben kannst. Es kommt nur drauf an, nicht nervös und unruhig zu werden. Merkst du, dass der Puls steigt, atme ein paar Mal tief durch.

LASS NIE EINE FRAGE AUS!

Kannst du eine Frage überhaupt nicht verstehen, lass es drauf ankommen. Lass nie eine Frage aus. Selbst wenn du nur einen halben Punkt von fünf Punkten bekommst, ist das besser als gar nichts. Schreib deshalb hin, was auch immer zum Thema passt. Wenn ich eine Frage nicht wusste, schrieb ich immer eine Zusammenfassung dessen, was ich konnte. In 99 Prozent der Fälle bekam ich dafür zumindest einen Punkt!

Hast du geantwortet, solltest du die Frage noch ein letztes Mal durchgehen und kontrollieren, ob du auch alles beantwortet hast. Je mehr Details und Fakten du schreibst oder je ausführlicher du eine Frage beantwortest, desto größer sind deine Chancen, mehr Punkte dafür zu bekommen. Manchmal kannst du vielleicht nicht die ganze Frage beantworten, aber wenn du das hinschreibst, was du weißt, und noch ein bisschen etwas, was damit zusammenhängt, und die Antwort erläuterst, kannst du trotzdem die höchste Punkteanzahl erreichen.

_ Verlass den Prüfungsraum nicht zu früh

Dein erster Impuls, wenn du mit deiner Prüfung fertig bist, ist oft der, einfach abzugeben und zu gehen. Du bist müde, kaputt und froh, das Ganze hinter dich gebracht zu haben. Aber immer mit der Ruhe! Du bist gleich fertig und kannst gleich machen, was du willst. Davor solltest du noch eine letzte Anstrengung unternehmen und die ganze Prüfung noch einmal durchgehen. Verlass den Prüfungsraum nie früh. Geh vom Anfang weg jede Frage und deine Antworten noch einmal durch. Lies deine Antworten kritisch, bessere eventuelle Fehler aus, die dir auffallen, achte auch darauf, dass deine Antworten für den Lehrer leicht zu lesen sind. Das Letzte, was du brauchen kannst, ist, dass dein Lehrer dich aufgrund deiner unleserlichen Schrift falsch beurteilt. Du kannst sicher sein, dass es das bisschen Zeit wert ist, die du am Schluss investierst, egal wie ausgepowert du schon bist. Es gab nicht eine einzige Prüfung, in der ich nicht zumindest eine meiner Antworten verbessert habe, als ich die Prüfung schließlich ein letztes Mal durchgegangen bin. Denk dran, dass du nie mehr etwas daran ändern kannst, wenn du deine Prüfung einmal abgegeben hast!

Faktenfragen

Schreib nie persönliche Meinungen, wenn du eine Faktenfrage bekommst. Schreib die reinen Fakten nieder, so detailliert wie möglich. Je mehr du zeigst, was du kannst, umso cleverer und kundiger wirkst du.

Aufsatzfragen

Hier sollst du Fakten mit eigenen Ansichten mischen. In Aufsatzfragen sollst du zeigen, dass du Dinge erörtern, begründen und Schlussfolgerungen ziehen kannst. Erörtere Vorteile und Nachteile. Führe Gründe für das Für und Wider an. Beschreibe Folgen und Konsequenzen, Ähnlichkeiten und Unterschiede. Genau hier holst du dir die bessere Note! Nütze deine Fantasie. Aber vergiss nicht, dass es relevante Dinge sein müssen, die du besprichst. Du erörterst nicht das Liebesleben der Elefanten in Südostafrika, wenn du einen Aufsatz über schwedische Politik schreiben sollst, wenn du nicht einen extrem guten Anknüpfungsgrund dafür hast. Das klingt jetzt vielleicht lächerlich und komisch, aber ich war mit Schulkollegen zusammen, die noch weit wahnwitzigere Zusammenhänge als diesen hergestellt haben. Du solltest kundig und professionell wirken und dein Aufsatz sollte dich als Person hervorheben und zeigen, dass du intelligent bist.

Detailfragen

Wenn du Detailfragen beantworten sollst, suche im Gedächtnis nach dem entsprechenden Wissen. Wenn du meine Merkmethoden aus Teil 2 dieses Buches lernst, hast du gute Voraussetzungen, solche Fragen zu schaffen. Wenn du die Antwort auf die Frage trotzdem nicht weißt, mach Annäherungen – das heißt, eine ungefähre Einschätzung. Wenn dir zum Beispiel die genaue Jahreszahl der Französischen Revolution (1789) nicht einfällt, dann schreib: »Die Französische Revolution fand gegen Ende des 18. Jahrhunderts statt.« Wenn du nicht weißt, dass der Mount Everest genau 8 848 Meter hoch ist, schreib zum Beispiel: »Der Mount Everest ist fast 9000 Meter hoch.« Meist hast du eine Idee, ohne dass du dich vielleicht genau erinnerst. Da ist es besser, Annäherungen zu machen, als gar nicht zu antworten oder eine falsche Jahreszahl oder ein falsche Höhe hinzuschreiben.

Multiple choice-Fragen/Multiple-choice-Prüfungen

Multiple choice-Fragen gibt es immer häufiger. Du bekommst also zu jeder Frage verschiedene Antwortmöglichkeiten. Lies dir bei einer Multiple-choice-Prüfung immer zuerst alle Antwortmöglichkeiten durch, bevor du die Frage liest. So bekommst du ein Gefühl dafür, worum es bei der Frage geht, während dein Gehirn gleichzeitig schon in etwa überprüft hat, welche Antworten es gibt, wenn du dann tatsächlich die Frage liest. Auf diese Weise wirst du automatisch

Verbindungen herstellen. Während du die Frage liest, ordnet dein Gehirn die Frage bereits einer Antwort zu und sucht im Text nach Inhalten, die die Antwort stützen.

Andere Dinge, an die bei Multiple Choice-Prüfungen zu denken ist:

- Schließe Antwortalternativen aus, von denen du weißt, dass sie absolut nicht stimmen, sodass du so wenige Antworten wie möglich hast, zwischen denen du wählen musst.
- Ändere deine Auswahl nicht, wenn du einmal geantwortet hast, sofern du nicht ganz sicher bist, dass deine Änderung stimmt. Studien zeigen, dass man öfter beim ersten Mal richtig antwortet als bei einer späteren Änderung aus Unsicherheit.
- Meistens hast du eine zeitliche Begrenzung und musst ziemlich rasch auf jede Frage antworten, versuch daher diesem Plan zu folgen:

1. Lies die Antworten.
2. Lies die Frage.
3. Schließ alle falschen Antworten aus.
4. Wähle aus jenen Antworten, die dir plausibel erscheinen.
5. Markiere dir die Frage, wenn du unsicher bist.
6. Geh weiter zur nächsten Frage.

7. Wenn du mit allen Fragen fertig bist, geh zurück zu den Fragen, die du markiert hast, und überprüfe deine Antworten ein zweites Mal.

Das ganze sollte in weniger als zwei Minuten pro Frage passieren. Studien zeigen, dass man meistens dieselbe Antwort wählt, auch wenn man die Frage mehrmals liest oder länger als zwei Minuten über die Antwort nachdenkt. Entweder weißt du die Antwort oder du weißt sie nicht. Weißt du sie nicht, solltest du dich nicht mehr als ein paar Minuten bei der Frage aufhalten. Wenn du dann alle Fragen beantwortet hast, kannst du noch einmal zurückgehen und deine Antworten ein zweites Mal überprüfen.

Mündliche Prüfungen

Du solltest für eine mündliche Prüfung genauso hart lernen wie für eine schriftliche. Versuche vorauszusehen, welche Fragen kommen könnten. Übe vorher, wie du auf jede einzelne Frage antworten würdest. Schreib dir Stichworte auf, wenn du überlegst, was du sagen würdest. Formuliere danach ganze Sätze, die auch gesprochen gut klingen. Übe das Sprechen vor dem Spiegel oder nimm dich selbst mit der Computer-Webcam auf. Bitte vielleicht sogar jemanden, dir zuzuhören und Feedback zu geben.

Komm immer pünktlich, kleide dich ordentlich, schalt dein Handy ab, sei höflich, indem du »Hallo«, »Tschüss« und

»Danke« sagst, wenn die mündliche Prüfung zu Ende ist. Jeder mag nette Menschen. Wenn du aufstehst, dann lehn dich nirgends an. Wenn du dich setzt, achte auf eine aufrechte Haltung.

Versuche, die Frage zu verstehen. Oft antworten Schüler auf etwas ganz anderes, weil sie sich nicht ordentlich auf die Frage konzentriert haben. Das kann so ausgelegt werden, dass du Probleme im Verständnis und mit der Kommunikation hast. Bitte den Prüfer, die Frage zu wiederholen, wenn du unsicher bist.

Denk dran, dass mündliche Prüfungen auch mit deiner sozialen Kompetenz zu tun haben. Oft wiegt mehr, wie du antwortest als was du antwortest. Sieh deinem Lehrer in die Augen und antworte mit Kraft und Gefühl.

Vermeide nach Möglichkeit …

- zu nuscheln
- nervös zu wirken
- in unvollständigen Sätzen zu antworten
- auf den Boden zu blicken oder wegzuschauen
- unhöflich zu sein
- eine »kalte« oder steife Körperhaltung an den Tag zu legen
- langweilig oder eintönig zu sprechen

Sei stattdessen nach Möglichkeit …

- charismatisch
- sympathisch
- überzeugend

- enthusiastisch
- selbstsicher
- höflich

Betone die Wörter so, dass deine Rede lebendig wird. Versuche eine selbstsichere Körpersprache zu haben, indem du beispielsweise mit den Händen gestikulierst. Erörtere die Antwort und versuche, eigene Blickwinkel einzubringen. So wird es auch interessant, dir zuzuhören.

Weißt du die Antwort auf eine Frage nicht, versuche, einen Moment darüber nachzudenken und danach zu antworten. Sag zum Beispiel: »Eine gute Frage! Lassen Sie mir nur ein paar Sekunden Zeit.« Sag nicht, dass du es nicht weißt. Sonst fällst du als unwissend auf. Versuche immer, irgendetwas zu sagen.

_ Zeitmanagement

Wenn du eine Prüfung schreibst, ist der Zeitaspekt ein Schlüsselfaktor. Viele Schüler haben eine schlechte Zeitplanung, was dazu führt, dass sie es entweder nicht schaffen, alle Fragen zu beantworten, oder zum Schluss in Stress geraten, sodass dann die Antworten nicht richtig sind.

Schau immer als erstes, wie viele Fragen es gibt. Rechne aus, wie viel Zeit du pro Frage hast. Heb dir für den Schluss immer mindestens zehn Minuten Zeit auf, in denen du deine Antworten noch einmal durchlesen kannst.

Beispiel:

- Anzahl der zu lösenden Aufgaben: 27 Stück
- Zeit für die Prüfung: 120 Minuten
- Zeit fürs Durchlesen: 10 Minuten
- Gesamtzeit fürs Schreiben der Prüfung: 120 – 10 = 110 Minuten
- Zeitmanagement: 110 : 27 = 4 Minuten pro Frage + 10 Minuten extra fürs Durchlesen am Schluss

Wenn du deine Berechnung gemacht hast, beginnst du, die Fragen zu beantworten und du behältst die Zeit im Blick, sodass du innerhalb der vier Minuten pro Frage bleibst. Denk dran, dass eine Frage kommen kann, für die du länger brauchst – dafür ist es wichtig, dass du auf leichtere Fragen rascher antwortest.

Wenn du Probleme mit einer Frage hast, solltest du in den Minuten, die du für jede Frage vorgesehen hast, das hinschreiben, was du weißt. Danach schreibst du schnell den Rest deiner Antwort in Stichworten nieder und gehst weiter zur nächsten Frage. Hast du alle Fragen beantwortet, kannst du zurückgehen und den Rest einsetzen. So kannst du sicher sein, alle Fragen ohne Stress zeitlich gut hinzubekommen. Außerdem lässt du nichts aus.

Wird dir trotz Zeitplanung die Zeit knapp, folge meinem Rat fürs Prioritätensetzen:

- Geh rasch überblicksartig alle Fragen durch, die noch offen sind.
- Streich jene Fragen an, die am einfachsten zu beantworten sind. Mach diese Fragen zuerst.
- Geh danach zu den restlichen Fragen über und versuche, sie so rasch wie möglich zu beantworten. Versuche, keinen Kompromiss auf Kosten deiner Zeit fürs Durchlesen zu schließen. Wenn du wirklich rechtzeitig fertig werden musst, ist es besser, auf so viele Fragen wie möglich zu antworten, als zurückzugehen und die Antworten zu überprüfen.

Manchmal kann man, wenn die Zeit wirklich zu Ende ist, noch ein paar Minuten herausholen. Etwa weil auch andere Schüler noch nicht abgegeben haben und der Lehrer noch die Prüfungsblätter einsammelt. Auf diese Weise kannst du ein paar Zusatzminuten gewinnen, um alle Fragen abzuschließen.

Zusammenfassung

Wie du Einsen auf alle deine Prüfungen bekommst

- Das Allerwichtigste ist, dass du gut vorbereitet bist. Lern ordentlich, wende dafür eine geeignete Lerntechnik aus Teil 2 dieses Buches an.
- Verschaff dir Klarheit darüber, was alles zur Prüfung kommt. Dann weißt du ganz genau, was du lernen musst.
- Geh viele frühere/alte Prüfungen durch und lös relevante Fragen. Oft kommen dieselben Fragen dann auch zur Prüfung.
- Schlaf dich in der Nacht vor der Prüfung gut aus, sei pünktlich bei der Prüfung.
- Iss maßvoll, damit du während der Prüfung weder hungrig wirst noch allzu satt bist. Hab immer ein Stück Schokolade bei dir, um deine Energie zwischen den Runden zu erhöhen.
- Ein psychischer und physischer Fokus ist wichtig und es dauert eine Weile, ihn aufzubauen. Sei deshalb vor und während der Prüfung konzentriert.
- Während der Prüfung selbst solltest du jede Frage zweimal durchlesen. Versuch es zunächst mit der ersten Frage. Lies dann die Frage und deine Antwort durch, um zu prüfen, ob du die ganze Frage beantwortet hast.
- Lass nie eine Frage aus. Lass es notfalls drauf ankommen und schreib etwas hin, dass passen könnte.
- Wenn du mit deiner Prüfung fertig bist, solltest du alle Fragen und Antworten noch einmal durchlesen, bevor du dein Prüfungsblatt abgibst.

- Geh meine Tipps für die verschiedenen Arten von Prüfungen durch und versuche sie zu befolgen.
- Mach dir einen Zeitplan – ein Zeitmanagement –, bevor du mit dem Schreiben der Prüfung beginnst, damit du alle Fragen schaffst.

9. Prüfungsergebnisse analysieren

Investiere ein wenig Zeit in die Auswertung einer Prüfung oder Arbeit, davon kannst du enorm viel lernen. In der Geschäftswelt widmet man sich ständig der Auswertung – man analysiert jedes Projekt im Nachhinein, um zu sehen, was beim nächsten Mal besser gemacht werden kann. Wenn du es dir zur Gewohnheit machst, deine Ergebnisse zu analysieren, hast du bessere Chancen auf gute Ergebnisse.

_ Deine Chance, dich weiterzuentwickeln

Hast du eine Prüfung oder eine Arbeit zurückbekommen, reflektiere kurz. Überlege dir, warum es gegangen ist, wie es gegangen ist, unabhängig davon, ob das Ergebnis gut oder schlecht war. Lerne aus deinen Fehlern, sieh dir an, was gut gegangen ist, und mach dir dieses Wissen das nächste Mal zunutze. Das muss nicht lang dauern. Es geht einfach darum zu sehen, welche Punkte du bekommen hast und warum. Sieh dir auch an, warum dir dein Lehrer eventuell Punkte bei einer Frage abgezogen hat. War das ein Schlampigkeitsfehler? War das ein Fehler von deiner Seite? Warum hast du nicht die maximale Punkteanzahl bekommen? Handelt es sich um eine schriftliche Arbeit, denk über die Anmerkungen nach, die dein Lehrer dazugeschrieben hat. Geh den Text durch, um zu sehen, was du das nächste Mal besser machen kannst. Genauso machst du es bei Prüfungen und allen anderen benoteten Aufgaben.

_ Wenn du eine Eins bekommen hast

Gratulation! Das bedeutet, dass du gute Arbeit geleistet hast. Denk trotzdem darüber nach, was es war, das dir diese Note eingebracht hat:

- Lag es an der Art und Weise, wie du zu jeder Aufgabe geschrieben hast?
- Lag es daran, wie du die Aufgaben gelöst hast
- Lag es daran, dass du eine Ahnung von den Fakten hattest?
- Lag es daran, dass du die Dinge gut erörtert und gute Schlüsse gezogen hast?
- Wie hast du Schlüsse gezogen?
- Gab es etwas, was dein Lehrer markiert hat, das besonders gut war?
- Etwas anderes?

Sieh dir auch immer an, was du besser machen kannst:

- Hättest du dem Ganzen noch Feinschliff verleihen können?

- Gab es einen Fehler, den du hättest vermeiden können (auch wenn es gut gelaufen ist)?
- Hättest du besser mit der Zeit zurechtkommen können während der Prüfung?
- Hättest du dich weniger stressen können?
- Hättest du mehr lernen können?

Du kannst Dinge immer besser machen. Analysiere deshalb dein Prüfungsergebnis. Sieh dir an, was gut gelaufen ist. Die Ursachen für die guten Ergebnisse zu erkennen, ist der Schlüssel zum Erfolg!

_ Wenn du eine schlechtere Note bekommen hast

Hier gilt es zu reflektieren. Was ist schiefgelaufen? Sei nicht traurig, böse oder frustriert. Nimm einen neuen Anlauf, nimm dir vor, das nächste Mal noch härter zu arbeiten. Es bringt gar nichts, wenn du nun Angst hast, insgesamt zu versagen – das ändert nichts am Ergebnis deiner Prüfung. Aber du hast richtig viel gewonnen, wenn du aus deinen Fehlern lernst.

Es passiert sicher, dass du auf ein oder mehrere mündliche oder schriftliche Leistungsüberprüfungen keine Eins bekommst, aber das ist genau das Schöne am Sich-Entwickeln: Du darfst enttäuscht sein, aber nütze die Gelegenheit, um daraus zu lernen, wie du so etwas das nächste Mal vermeiden kannst. Damit verwandelst du die negative Situation in etwas Positives für die Zukunft. Wenn du reflektierst und denselben Fehler nicht mehr machst und bei allen übrigen schriftlichen und mündlichen Prüfungen, Hausübungen und so weiter eine Eins halten kannst, bleibt die Note insgesamt wahrscheinlich trotzdem eine Eins. Mach dir also keine Sorgen. Es kommt darauf an, zu wissen, was du hättest anders machen können, um keine weiteren Fehler zu machen.

_ Frage dich selbst:

- Hast du zu wenig gelernt?
- Hast du dich nicht gut genug darüber informiert, was genau du alles hättest können sollen?
- Hast du etwas verwendet, was du dir falsch eingelernt hast?
- Hast du nicht die richtige Lernmethode angewendet? Hast du überhaupt irgendeine Lernmethode angewendet?
- Hast du die Fragen missverstanden?
- Warst du bei manchen Aufgaben schlampig?
- Hattest du zu wenig Zeit?
- Hattest du zu wenig Schlaf?
- Warst du zu hungrig/zu satt bei der Prüfung?
- Warst du zu nervös?
- Warst du zu gestresst?
- Ist etwas passiert, das dich geistig blockiert hat?
- Etwas anderes?

Denk darüber nach. Frag auch ruhig deinen Lehrer, ob er Tipps für dich hat, wie du das nächste Mal eine Eins bekommen könntest. Verwandle die negative Energie in ein noch höheres Ambitionsniveau.

_ Wenn der Lehrer dich knausrig oder falsch beurteilt hat

Ein Lehrer ist ein Mensch und kann auch Fehler machen. Egal, ob du eine gute oder eine schlechte Note auf deine Prüfung bekommen hast, solltest du daher immer kritisch sein und dir die Korrekturen genau ansehen. Zähl zuerst deine Punkte zusammen und achte darauf, dass die Summe korrekt ist. Geh dann Frage für Frage durch und überlege, ob du auf eine Aufgabe vielleicht zu wenige Punkte bekommen hast, ob dein Lehrer vielleicht übersehen hat, dir für etwas Punkte zu geben, oder ob er dich ein wenig knausrig beurteilt hat. Sammle relevante Argumente und frag deinen Lehrer dann freundlich, ob er dir möglicherweise einige Extrapunkte geben kann. Erklär ihm, warum du glaubst, dass du sie verdient hast. Im schlimmsten Fall bekommst du ein Nein zu hören. Das bedeutet nur, dass du wieder auf demselben Punktestand bist wie vorher. Im besten Fall kannst du das Ergebnis für dich wirklich um ein paar Punkte nach oben korrigieren! Das haben sowohl ich als auch meine Kameraden in der Grundschule, auf dem Gymnasium und sogar an der Uni erlebt. Schüler beziehungsweise Studenten ließen ihre Punkte aufgrund eines Fehlers, den der Lehrer gemacht hatte, nach oben korrigieren. Das ist besonders wichtig, wenn du nur ein paar Punkte von einer gewissen Notengrenze entfernt bist.

_ Erkenne dein spezifisches Muster

All deine Analysen werden zum Schluss ein gewisses Muster zeigen, nach dem du schreibst oder Aufgaben löst. Du wirst schnell erkennen, worauf dein Lehrer aus ist. Natürlich kannst du nicht dieselben Antworten und dieselbe Argumentation von einer zur anderen Prüfung wiederholen, aber du kannst definitiv einen gemeinsamen Nenner, ein Muster in Worten und Sätzen, Lösungen oder Argumentationen erkennen, das oft in einem bestimmten Fach oder bei einem bestimmten Lehrer funktioniert. Hast du diesen gemeinsamen Nenner einmal gefunden, kannst du ihn an den nächsten Prüfungsstoff anpassen. Auf dieselbe Weise analysierst du eine schlechtere Note und findest heraus, was du das nächste Mal vermeiden kannst.

Gleich am Beginn meines ersten Jahres in der Oberstufe hatte ich auf meine erste Arbeit in Geschichte eine Eins bekommen. Das hat mich selbst überrascht. Deshalb habe ich analysiert, wie es dazu gekommen ist. Nachdem ich die Arbeit mehrmals durchgelesen hatte, erkannte ich ein Muster in meiner Schreibweise, das meinem Lehrer gefallen hatte. Dasselbe Muster wendete ich bei meinen künftigen Arbeiten auch in anderen Fächern an und ich bekam in der Folge immer eine Eins.

Zusammenfassung

Prüfungsergebnisse analysieren

- Unabhängig davon, welche Note du auf Prüfungen und Arbeiten bekommst, solltest du dir immer genau ansehen, was du besser machen kannst.
- Hast du eine gute Note bekommen, solltest du dir überlegen, was gut war. Mach es das nächste Mal wieder so und versuche, noch besser zu werden.
- Hast du eine schlechtere Note bekommen, schau dir deine Fehler an und versuche sie das nächste Mal zu vermeiden. Bitte ruhig auch deinen Lehrer um Feedback.
- Überprüfe, ob dich dein Lehrer korrekt beurteilt hat. Wenn nicht, bring relevante Argumente vor. Vielleicht korrigiert er das Ergebnis nach oben.
- Erkenne ein Muster und den gemeinsamen Nenner in deinen Leistungen bei den jeweiligen Leistungsfeststellungen. Verwende dieses Muster auch beim nächsten Mal.

10. Wenn's eng wird

Manchmal kommt alles zusammen - eine Menge Prüfungen und Arbeiten und du hast es nicht geschafft, dich ausreichend darauf vorzubereiten. Dann bist du in einem Ausnahmezustand. Du musst auf das meiste verzichten, um wirklich so viel zu schaffen, wie du nur irgendwie kannst. Aber die gute Nachricht ist, dass es sogar in wirklich akuten Fällen zum Schluss meist doch noch gut ausgeht. Deine Konzentrationsfähigkeit wird nämlich durch die Anstrengung, die Krise durchzustehen, geschärft.

_ Stresswarnung

Wenn du planst und Prioritäten setzt, kannst du ungeheuer weit kommen beim Lernen, ohne in Stress zu geraten. Aber gewisse Lernperioden sind so extrem, dass sogar die beste Planung platzt. Der Schulbesuch ist wie eine Berg- und Talfahrt. Manchmal wird es unheimlich ruhig sein, du schaffst es im Plan zu bleiben und hast daneben auch noch Zeit für Hobbies. Andere Zeiten können extrem stressig sein. Du wirst mit Hausaufgaben und Lernstoff überhäuft. Auch kannst du einmal krank werden und deshalb nachhinken. Du brauchst einen Krisenplan, musst dein Leben vorübergehend umorganisieren. Es geht jetzt darum, jede Sekunde zu nützen und Tricks zu finden, die dich maximal konzentriert sein lassen.

WENN ES ENG WIRD, KOMMT ES DARAUF AN, JEDE SEKUNDE ZU NÜTZEN UND TRICKS ZU FINDEN, DIE DICH MAXIMAL KONZENTRIERT SEIN LASSEN

Zu viel Stress ist nicht gut. Er blockiert deine Lernfähigkeit und ist sowohl für den Körper als auch für die Psyche gefährlich. Außerdem kann es zu einer Negativspirale kommen, in der du an deiner Leistungsfähigkeit zweifelst, was wiederum zu noch mehr Stress führt. Du schläfst vielleicht weniger, isst schlechter, treibst keinen Sport. Das alles beeinflusst dich noch stärker negativ.

Ist die Krise einmal da, musst du also das Beste aus der Situation machen und vielleicht Kompromisse schließen. Es ist wichtig, dass du dich nicht allzu sehr hineinsteigerst. Nimm's ruhig, aber sei fokussiert und nütze alle Zeit, die du noch hast, dann wirst du sehen, dass es gehen wird!

_ Entferne alle Störfaktoren

Vergeude keine Zeit mit Nachdenken, wie und warum es zur Krise gekommen ist. Wie du das nächste Mal vermeiden kannst, dass alles zusammenkommt, kannst du dir später überlegen. Wenn du die Krisensituation immer wieder durchkaust oder daran denkst, wie ausweglos deine Situation ist, bekommst du Angst. Das kann dein weiteres Handeln blockieren.

Selbst wenn du nur noch zwölf Stunden zur Verfügung hast, um für vier Prüfungen zu lernen, ist es besser, du lernst in diesen zwölf Stunden, als zu denken: »Es hat keinen Sinn, ich schaffe die Prüfung sowieso nicht.« Alles, was du tust, ist besser als nichts! Akzeptiere das, was passiert ist. Mach weiter. Mach das Beste aus der Zeit, die du noch hast.

Es ist wichtig, dass du zu 100 Prozent fokussiert bist. Denk nur noch ans Lernen. Alles andere muss bis auf Weiteres aufgeschoben werden. Jede Minute zählt. Schließ dich in deinem Zimmer ein. Sprich mit deinen Eltern und Geschwistern, bevor du dich zurückziehst. Erkläre ihnen, dass du dich die nächsten Tage voll aufs Lernen konzentrieren musst. Alle echten und guten Freunde werden das verstehen. Entferne alle Störfaktoren. Schalte das Handy ab, setze dich nicht vor den Computer (wenn es nicht fürs Lernen notwendig ist) und sieh nicht fern. Geh nicht auf *Facebook* oder andere soziale Plattformen. Das Handy lautlos zu stellen, empfehle ich nicht, da du in Pausen SMS bekommen oder versäumte Gespräche sehen könntest, auf die du gerne antworten würdest. Ich weiß selbst, wie das ist: Man will nur ein einziges SMS verschicken, aber dann werden es zehn. Man will jemanden nur fünf Minuten lang anrufen, aber dann hat man zwanzig Minuten lang geplaudert. Du hast jetzt aber keine zwanzig Minuten mehr übrig!

Es kann auch andere Sachen um dich herum geben, die stören. Du weißt, was deine Konzentration beeinträchtigen kann. Versuche vorübergehend alles zu entfernen, was dich ablenken könnte.

_ In Krisenzeiten herrscht Ausnahmezustand

Wenn du wirklich merkst, dass du nicht rechtzeitig fertig wirst vor einer Prüfung oder einer anderen Aufgabe, musst du all deine Zeit zum Lernen verwenden. Das bedeutet, dass du gewisse Dinge bis auf Weiteres zurückstellen musst. Wenn du eine Freundin oder einen Freund hast, solltest du ihr oder ihm erklären, dass gerade alles zusammengekommen ist, und dass ihr euch gerne wieder treffen könnt, wenn diese stressige Phase vorüber ist. Dasselbe gilt für Freunde. Denk dran, dass diese Phase nur vorübergehend ist. Du hast Zeit, deine Freunde oder deine Freundin/deinen Freund zu treffen, wenn das hier vorbei ist, aber du hast nur eine Chance, deine Prüfung oder Arbeit zu schaffen. Ein guter Partner oder Freund versteht und respektiert so etwas.

Wie ich im Kapitel *Rezept für ein gesünderes Schülerleben* ausführen werde, ist es wichtig, dass du Sport treibst und gesund lebst. Sport spielt eine zentrale Rolle auf deinem Weg zum Erfolg. Aber wenn du in einer Krisensituation ein paar Trainingseinheiten verpasst, dann mag das einmal so sein.

Eine Krisensituation dauert meist nicht länger als ein paar Tage, wenn du von Anfang an eine sorgfältige Planung hast. Das bedeutet auch, dass du bald wieder in deiner gewohnten Routine zurück bist. Dann kannst du dich wieder um deine sozialen Beziehungen kümmern.

_ Konzentration und Fokus

Achte darauf, dass deine Aufnahmefähigkeit optimal ist. Konzentrier dich, leg den Fokus aufs Lernen.

Das Gehirn funktioniert besser, wenn du in einer Krisensituation bist. Aber nur, wenn der Stresspegel nicht zu hoch ist. Geringer Stress schärft die Konzentration, sodass du dir Fakten leichter merkst und mehr Tempo beim Lernen bekommst. Automatisch entscheidet das Gehirn auch darüber, unnötigen Input herauszufiltern, der dich stören könnte. Mit anderen Worten brauchst du nicht genauso viel Zeit wie sonst. Zum Beispiel brauchst du wahrscheinlich nicht so oft zu wiederholen wie sonst, wenn du unter Druck stehst. Sogar wenn es unmöglich scheint, hast du deshalb gute Chancen, eine gute Leistung zu bringen.

Versuch, fokussiert zu bleiben. Sobald die Gedanken abschweifen, versuche, wieder auf die richtige Spur zu kommen. Übe das ständig – es wird schließlich funktionieren. Wenn die Gedanken abgleiten, denk: Fokus! Schreib »Fokus« auf einen Zettel und leg ihn vor dich hin. Ich verspreche dir, das funktioniert!

_ Mach regelmäßig Pause

Was du absolut nicht opfern darfst, sind regelmäßige Pausen. Du kannst nicht vier Stunden lang laufen, so schnell du kannst. Das kann auch dein Gehirn nicht – es muss sich ausruhen zwischen den Runden. Aber zum Glück benötigt es nur ein paar Minuten Erholung, um wieder fit zu sein. Deshalb solltest du darauf achten, dich jede Stunde zehn Minuten lang zu erholen, auch wenn es eng wird. Auf diese Weise lädst du die Batterien wieder auf und schaffst es, noch eine Stunde lang voll konzentriert zu sein. Lern nicht mehrere Stunden lang durch. Das erschöpft deine Energie nur schneller und deine Konzentration wird nicht mehr optimal funktionieren.

Während der Pausen achte darauf, vom Lernen loszulassen und den Kopf frei zu bekommen. Mach etwas völlig anderes, wie herumgehen oder aus dem Fenster schauen, iss ein Stück Obst oder hüpfe und springe ein wenig herum. Mach etwas, was du gern tust, was dich entspannt. Aber denk daran, deine fokussierte innere Haltung auch während der Pausen zu behalten. Plaudere nicht am Telefon, sitz nicht am Computer und mach keine Sachen, die an deiner Konzentration rütteln. Es kann nämlich schwer sein, den Fokus, der sich während des Tages aufgebaut hat, wieder zurückzugewinnen, wenn du ihn während einer Pause verlierst.

_ Mach einen Akut-Plan und setz Prioritäten

Planung ist das A und O in jeder Lage. Es sieht jetzt vielleicht nach Zeitvergeudung aus, in dieser angespannten Lage einen neuen Plan aufzustellen. Aber deine Akut-Planung strukturiert und organisiert dir das Lernen. So wirst du nicht von allzu viel Stress blockiert, weil du weißt, dass du alles zeitlich schaffst. Du verschwendest keine Zeit damit, darüber nachzudenken, was du als Nächstes machen sollst. Sei sorgfältig und detailliert. Liste dir auf, wie viel Zeit du hast, was geschafft werden muss, was du wann machst. Plane zum Beispiel ein, wann du aufstehst, um mit dem Lernen zu beginnen, zu welcher Zeit du Pausen machst, wann es Zeit für das Mittag- und das Abendessen ist, inklusive wann mit dem Lernen Schluss sein soll für diesen Tag.

In einer Krisensituation hast du keine Zeit, alles im Detail zu lernen. Du musst erkennen, was wirklich wichtig ist, worauf du dich konzentrierst. Leider kann es sein, dass du nicht weißt, was das Wichtigste ist. Deshalb solltest du normalerweise alles können. Aber jetzt befindest du dich ja in einer anderen Lage mit wenig Zeit.

Um herauszufinden, was wirklich zentral ist, solltest du in deiner Mitschrift nachsehen, was der Lehrer durchgenommen hat. Sieh dir an, worauf er den Schwerpunkt gelegt hat, überlege, ob der Lehrer besonders wichtige Dinge hervorgehoben hat. Oft spürst du selbst, was am wichtigsten ist. Das bildet dann den Kern deiner Studien und sollte das sein, was du zuerst lernst. Je nachdem, wie viel Zeit du hast, nimmst du dir dann detaillierteres Wissen vor.

_ Überwinde die Müdigkeit in Krisensituationen

Eine deiner größten Herausforderungen wird es sein, die Müdigkeit zu überwinden. Stress und hohe Konzentration machen uns müde. Deshalb sind Krisensituationen nicht gut für dich – du musst ja unter den schlechtesten Voraussetzungen optimal funktionieren. Du bist leicht erschöpft, wenn du mehrere Tage hintereinander über lange Zeit hinweg sitzt und mit maximaler Konzentration lernst. Das beansprucht auch deinen Körper. Versuch deshalb zu schlafen, so gut du kannst, regelmäßig zu essen und dir jede Stunde eine Pause zu gönnen. Geh auch ruhig hinaus und beweg dich ein wenig, wenn es sich zeitlich ausgeht.

Es gibt auch kurzfristige Muntermacher. Kaffee enthält Koffein, das jene Substanzen im Körper blockiert, die dich müde machen. Du musst die Tasse Kaffee aber trinken, bevor du allzu müde bist, sonst spürst du vielleicht keine Wirkung.

Wenn du extrem müde wirst und dich einfach nicht mehr wach halten kannst, kannst du eine kurze Schlafpause einlegen, ein »Powernap« von fünfzehn bis zwanzig Minuten. So wirst du wieder munter und aufmerksam und durchbrichst deine Müdigkeit. Forschungen haben auch gezeigt, dass Powernaps das Gedächtnis und die Leistungsfähigkeit verbessern und Gereiztheit und Frustration verringern können – ein häufiges Problem während stressiger Perioden.

Wenn du merkst, dass du schläfrig wirst, leg dich hin und schlaf so tief wie möglich. Stell den Wecker, damit du pünktlich wieder aufwachst. Es ist wichtig, dass du nicht länger als zwanzig Minuten schläfst, auch wenn du weiter schlafen willst. Bereits nach ein paar Minuten Wachsein wirst du den erfrischenden Effekt spüren.

Eine neue Studie hat sogar gezeigt, dass dich Kaffee und Powernaps gemeinsam optimal munter machen. Versuch deshalb, beides zu kombinieren. Trink eine Tasse Kaffee, wenn du beginnst, schläfrig zu werden. Gönn dir danach ein Powernap von zwanzig Minuten. Es dauert bis zu einer halben Stunde, bis das Koffein in deinem Körper wirkt. Du wirst daher noch immer einschlafen können, nachdem du den Kaffee getrunken hast und wenn du wach wirst, hat der Kaffee gerade zu wirken begonnen.

_ Stress und Umgang mit Stress

Wenn du Symptome wie Herzklopfen, Schwitzen, Angst, Unwohlsein, Unruhe, Schlafschwierigkeiten und Konzentrationsprobleme bekommst, ist das ein Zeichen dafür, dass du allzu sehr gestresst bist. Wenn du dich so fühlst, solltest du zur Schulärztin gehen oder einen Arzt aufsuchen. Ein angemessenes Stressniveau wird dagegen oft als etwas recht Positives empfunden – sogar wenn wir uns maximal anstrengen, oder vielleicht gerade deshalb. Sanfter Stress macht uns super fokussiert und kann das schöne Erlebnis bescheren, dass alles mit unglaublicher Geschwindigkeit und Leichtigkeit läuft. Das ist ein wunderbares Gefühl von »Aber es geht ja, ich schaff' das!«. Im Gegensatz zum gegenteiligen Gefühl, das sich einstellt, wenn der Stress Überhand gewinnt. Einem »Oh Gott, das wird nie funktionieren, es ist einfach unmöglich!«

Manchmal ist es notwendig, den Stress ein wenig zu dämpfen. Eine Entspannungsübung kann helfen.

_ Entspannungsübung

Hier ist eine Entspannungsübung, die du immer rasch machen kannst – nicht nur in Krisensituationen.

Stell dir ein Rechteck vor oder einen Gegenstand, der wie ein Rechteck aussieht. Fang damit an, dass du drei Sekunden lang tief einatmest, während du gleichzeitig den Blick von der linken unteren Ecke des Rechtecks zu seiner linken oberen Ecke führst. Danach hältst du den Atem drei Sekunden lang an, während du den Blick von der linken oberen Ecke des Rechtecks hinüber zu seiner rechten führst. Nun atmest du drei Sekunden lang langsam aus und bewegst gleichzeitig deinen Blick von der oberen rechten Ecke des Rechtecks hinunter zur unteren rechten Ecke. Du schließt damit ab, dass du den Ausatemzustand drei Sekunden lang hältst und deinen Blick von rechts nach links bewegst. Atme auf diese Weise ein paar Minuten lang oder bis du spürst, dass du dich beruhigt hast. Hast du das einige Minuten lang gemacht, sinkt das Stressniveau im Körper.

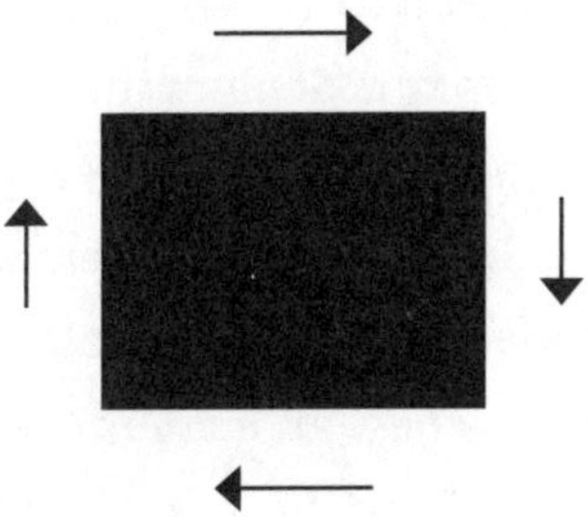

- ▲ Atme ca. 3 Sekunden lang tief ein und bewege den Blick von unten nach oben.
- ► Halte den Atem 3 Sekunden lang an und bewege den Blick von links nach rechts.
- ▼ Atme ca. 3 Sekunden lang langsam aus und bewege den Blick von oben nach unten.
- ◄ Halte den Ausatemzustand 3 Sekunden lang und bewege den Blick von rechts nach links.

_ Gib nicht auf

In Krisensituationen kommt es darauf an, extra viel »fighting spirit« zu haben. Das wird eine harte Zeit, aber denk dran, dass es nur vorübergehend ist. Gib nicht auf! Alles, was du zeitlich schaffst, ist besser als nichts. Manchmal willst du die Bücher vielleicht am liebsten an die Wand schleudern. Versuch aber, dich wieder abzuregen, folge deinem Plan und denk an dein Ziel mit der Schule. Oft ist das, was du schaffen sollst, weit davon entfernt, unmöglich zu sein. Normalerweise geht es zum Schluss immer, wenn man wirklich einen Zahn zulegt. Mit nur ein wenig extra Fokus und mit Hilfe meiner anderen Tipps in diesem Kapitel schaffst du meistens zeitlich viel mehr als du glaubst. Sieh deshalb zu, die Motivation anzufachen, an deinem Ziel zu arbeiten, darauf fokussiert zu sein. Dann hast du diese harte Zeit schneller hinter dir als du glaubst!

_ Reflektiere

Hast du die Krise hinter dir, solltest du kurz analysieren, wie sie zustande gekommen ist. Geh deinen Plan durch und versuche die Programmfehler ausfindig zu machen. Hast du die Zeit falsch eingeschätzt? Sind akute andere schulische Verpflichtungen aufgetaucht? Bist du mit der Planung aus irgendeinem anderen Grund in Verzug geraten? Reflektiere, lerne aus deinen Fehlern, damit du Krisen in Zukunft vermeiden kannst. Fehler machen wir alle. Aber es ist gerade die Fähigkeit, Fehler nicht zu wiederholen, die Menschen auszeichnet. Reflexion ist der Schlüssel dazu!

Zusammenfassung

Wenn's eng wird

- Krisenzeiten gibt es während deiner Schulzeit immer wieder. Du musst darauf gefasst sein und das Beste aus der Situation machen.
- Denk daran, dass jede Minute zählt, wenn du unter Zeitdruck stehst. Achte daher darauf, keine Zeit zu verlieren, und sei effektiv.
- Zieh dich zurück. Such dir eine Umgebung, in der du dich voll aufs Lernen konzentrieren kannst. Lass dich von niemandem stören. Mach allen klar, dass du jetzt all deine Zeit zum Lernen brauchst.
- Entferne alle Störfaktoren, wie zum Beispiel das Handy oder den Computer. Sie könnten dich ablenken und damit kostbare Zeit kosten.
- Setze die richtigen Prioritäten. Opfere Dinge, die im Moment nicht wichtig sind. Triff Freunde und deinen Freund/deine Freundin wieder, wenn diese Phase vorbei ist. Wenn du ein paar Tage keine Zeit für Sport hast, ist das eben so.
- Die Lösung in diesen Situationen sind ein Superfokus und Konzentration. Dann wirst du mehr Dinge in kürzerer Zeit lernen können. Achte daher darauf, fokussiert zu sein. Verlier den Fokus nicht einmal während deiner Pausen.
- Mach regelmäßig Pause, damit sich dein Gehirn erholen kann.
- Du wirst müde werden. Das beste Mittel gegen Müdigkeit ist Schlaf. Wenn du unter Tags trotz allem müde bist, kannst du dich mit Kaffee und Powernaps wieder munter machen.
- Überwinde dich, wenn du glaubst, du kannst nicht mehr. Bring Motivation auf, erinnere dich an deine Ziele. Du bist hier, um es zu schaffen, nicht um aufzugeben!
- Wenn diese Zeit vorüber ist, kannst du reflektieren, wie es zu dieser Situation gekommen ist. Lern aus deinen Fehlern, mach sie nicht noch einmal.

11. Rezept für ein gesünderes Schülerleben

Als Schüler brauchst du Fokus, Energie und Kraft. Deshalb ist es wichtig, dass du gesund bist. Harte Lernperioden stellen hohe Anforderungen an deinen Körper. Körperliche Aktivität, richtige Ernährung, Schlaf und Erholung sind grundlegende Voraussetzungen dafür, dass du in der Schule erfolgreich bist. Du musst dich um deinen Körper kümmern. Wie du das am besten machst, erfährst du in diesem Kapitel!

_ Kümmere dich um deinen Körper, bevor es zu spät ist

Lernen ist ein Lebensstil. Es geht nicht nur darum, sich hinzusetzen und in Büchern zu lesen, in den Unterricht zu gehen und Prüfungen zu machen. Du musst auch darauf achten, dass das Leben rund um dich herum funktioniert. Es geht also darum, eine gute physische Verfassung zu haben. Du musst deinem Körper dabei helfen, es zu schaffen.

Das, was wir Leben nennen, ist unheimlich komplex. Jeden Tag tun wir eine Menge Dinge, ohne an Atmung, Herzschlag, Gedächtnis oder andere Dinge zu denken, die automatisch in Körper und Gehirn funktionieren. Das sind Dinge, die meist unbewusst passieren. Oft glauben wir, dass alles in Ordnung ist, solange wir uns nicht krank fühlen. Aber in Wahrheit hat der Körper große Kompensationsmechanismen. Es dauert lange, bis sich Schäden anhäufen, sichtbar oder fühlbar werden. Deshalb erkrankt man auch im Alter eher an Krebs oder Herz-Kreislauf-Erkrankungen. Die »kompensatorische« Abwehr ist dann zu Ende.

Deshalb glaubst du wahrscheinlich auch nicht, dass du etwas ändern solltest, wenn du dich in deinem Alltag ziemlich gut fühlst. Aber stell dir vor, dass es dir viel besser gehen könnte als im Moment, einfach weil du deine Gewohnheiten ein wenig änderst! Bist du beispielsweise müde in der Früh? Dann kannst du garantiert munterer werden! Tust du dir manchmal schwer damit, dich an etwas zu erinnern oder dich zu konzentrieren? Du kannst viel besser werden! Setzt du dich gerne vor den Computer oder den Fernseher und stopfst unnötiges Junkfood in dich hinein? Gratuliere! Dann hast du große Chancen, deine Lernergebnisse zu verbessern. Du musst dich nur ein bisschen besser um deinen Körper kümmern.

_ Du musst deinen Lebensstil ändern

Es kann mühsam scheinen, seinen Lebensstil zu ändern. Sieh dir nur an, wie viele Menschen heutzutage übergewichtig sind, dann verstehst du, wie schwer es für die meisten ist. Aber es ist nicht unmöglich, gesünder zu leben, wenn du dich nur dazu entschließt. Und glaub mir, richtig essen, Sport treiben und sich ausruhen sind einige der Schlüsselfaktoren für schulischen Erfolg!

RICHTIG ESSEN, SPORT TREIBEN UND SICH AUSRUHEN SIND EINIGE DER SCHLÜSSELFAKTOREN FÜR EINSEN IN ALLEN FÄCHERN

Astronauten trainieren mehrere Jahre lang, bevor sie ihren Fuß in den Weltraum setzen dürfen. Warum? Ja, weil sie gut vorbereitet sein müssen. Sie müssen wissen, was sie in jeder Lage tun sollen. Sie müssen physische und psychische Stärke besitzen, ganz egal, was passiert. Genauso musst auch du deinen Körper aufbauen, damit du die Belastungen während deiner Zeit in der Schule bewältigst. Mach dir bewusst, dass dein Körper dir hilft, wenn du ihm hilfst! Deshalb musst du ihn sowohl physisch als auch psychisch durch regelmäßiges Training, richtiges Essen und ausreichend Schlaf und Erholung dafür bereit machen.

_ Gewöhne dir an, regelmäßig Sport zu treiben

Das hast du sicher schon gehört, aber es schadet nicht, es noch einmal zu sagen: Körperliche Aktivität ist super wichtig, um deinen Körper in Form und gesund zu halten. Womit auch immer du dich in deiner Freizeit beschäftigst, ab jetzt solltest du mindestens ein bis zwei Trainingseinheiten pro Woche einlegen. Viele Forschungsstudien zeigen, dass Personen, die regelmäßig Sport treiben, gesünder sind und ihre körperlichen und geistigen Fähigkeiten besser ausnützen als andere. Im Folgenden einige Beispiele dafür, wie sich Training auf deinen Körper auswirkt: Es

- verbessert die Konzentrationsfähigkeit,
- verbessert die Leistungsfähigkeit,
- verbessert die Lern- und Merkfähigkeit,
- gibt dir mehr Energie,
- schenkt dir besseren und effektiveren Schlaf,
- vermindert Stress, Unruhe und Depression,
- verhilft zu stärkerer körperlicher Abwehrkraft (niedrigeres Risiko, krank zu werden),
- führt zu besserer Haltung,
- verbessert die Kondition und Ausdauer,
- verbessert die Sauerstoffaufnahme,
- senkt das Risiko für Herz-Kreislauf-Erkrankungen,
- senkt das Risiko, früher zu sterben.

Diese Effekte stehen in direkter Beziehung zu deinem Leben als Schüler und werden dir definitiv beim Lernen helfen.

Ich verstehe, dass du oft einen vollgestopften Stundenplan hast. Das ist aber keine Ausrede für fehlendes Training. Du putzt dir die Zähne, weil du gesunde Zähne haben willst, du wäscht dir die Haare, um sie sauber zu halten, und du isst, um Energie zu tanken. Genauso selbstverständlich solltest du jede Woche Sport machen!

_ Das Gehirn ruht sich aus, während der Körper in Bewegung ist

Nach langen Phasen harten Lernens kannst du leicht in gedrückter Stimmung und müde sein. Das perfekte Heilmittel dagegen ist, in die Sporthalle zu gehen oder einfach ins Freie zu gehen und eine Runde zu laufen. Es spielt eigentlich keine Rolle, was du machst, solange es etwas ist, was Spaß macht und den Puls in die Höhe treibt. Du kannst reiten, Fußball spielen, laufen, Krafttraining machen, Aerobic oder etwas anderes. Wichtig ist, dass du etwas machst.

Lass das Gehirn ein bis zwei Stunden vom Lernen ausrasten, um dann mit neuer Energie und geschärfter Konzentration zurückzukommen. Damit schlägst du zwei Fliegen mit einer Klappe: Du wirst gesünder und bekommst gleichzeitig eine Pause, die das Gehirn gut brauchen kann. Um all deine Schuljahre zu schaffen, wirst du regelmäßig längere Pausen benötigen, in denen du das Lernen lässt und etwas völlig anderes machst. Sport ist eine perfekte Unterbrechung – viel besser, als wenn du dich vor den Computer setzen oder dir einen Film ansehen würdest. Am Computer oder vor dem Fernseher wird es anstrengend für dein Gehirn, sich zu entspannen. Du bekommst die ganze Zeit neue Eindrücke, die verarbeitet werden müssen. Das führt dazu, dass du danach nicht frischer bist. Sport macht dich stärker und gesünder und verhilft dir gleichzeitig zu einer besseren Konzentrations- und Lernfähigkeit. Außerdem wirst du munter und fröhlich dabei. Ich hoffe jetzt, dass du wirklich verstehst, wie viel du gewinnst, wenn du trainierst, statt vor dem Fernseher oder Computer herumzuhängen.

> DU SOLLTEST DAS TRAINING GLEICH HOCH BEWERTEN WIE DAS ABENDLICHE SCHLAFENGEHEN

Du solltest das Training gleich hoch bewerten wie das abendliche Schlafengehen. Wenn du schläfst, wird das Wissen im Gehirn verarbeitet und ins Langzeitgedächtnis einsortiert. Das Training hat einen ähnlichen Effekt auf dein Gedächtnis. Es stärkt es. Du kannst dich also viel leichter an das Gelernte erinnern, wenn das Gehirn die Informationen ungestört bearbeiten kann. Das Gedächtnis funktioniert genauso wie ein Muskel im Körper. Auch »Gedächtnismuskeln« müssen angestrengt werden und sich danach erholen können, damit sie sich gut entwickeln können. Deshalb ist es perfekt, Gehirntraining mit Körpertraining abzuwechseln. Wenn sich das eine ausruht, darf sich das andere anstrengen, und umgekehrt.

_ Iss regelmäßig

Überspringe niemals Mahlzeiten, vor allem nicht das Mittagessen, auch wenn du über Mittag in der Schule bist. Allein das Gehirn verbraucht jeden Tag zirka 25 Prozent der Energie, die du aufnimmst. Deshalb musst du ordentlich essen, damit du dich konzentrieren kannst, lernen kannst, munter und aufmerksam bist. Überspringst du Mahlzeiten, wirst du rasch matt, müde, schlapp und unkonzentriert. Außerdem erhöhst du das Risiko, Kopfweh und andere Krankheiten zu bekommen, wenn du nicht richtig isst. All das kannst du wirklich nicht brauchen.

Wenn du dir absolut nicht vorstellen kannst, das Essen aus der Schulkantine zu essen, geh dir etwas anderes kaufen. Vielleicht hast du die Möglichkeit, in ein billiges Restaurant zu gehen und Sushi zu kaufen, eine Pizza mit einem Kollegen zu teilen oder etwas anderes, was du magst. Du kannst dich im Voraus erkundigen, was für Essen es geben wird, und dir von zu Hause ein Lunchpaket mitnehmen. Iss nicht allzu oft ungesund. Du kannst auf keinen Fall mehrere Tage in der Woche Pizza essen. Wenn du wirklich etwas kaufen musst, versuche, dir etwas Gesundes zu kaufen.

Du wirst auch oft am Vormittag und am Nachmittag hungrig werden. Viele Schüler kaufen sich Süßigkeiten, um vorübergehend ihr Zuckerbedürfnis zu stillen. Aber danach sinkt der Blutzuckerspiegel rasch wieder ab, was bewirkt, dass du neuerlich hungrig wirst. Nimm dir daher lieber ein Stück Obst mit.

Es ist wichtig, dass du regelmäßig und mehrmals am Tag ausreichend große Portionen zu dir nimmst. Damit wird ein gleichmäßig hohes Energieniveau im Körper aufrechterhalten. Das Frühstück ist die wichtigste Mahlzeit am Tag, da es alle Prozesse in deinem Körper »in Gang setzt«. Das brauchst du, um in der Schule gleich Leistung zu bringen. Iss ruhig ein Stück Obst als Zwischenmahlzeit oder vielleicht ein paar Nüsse, dann hältst du bis zum Mittagessen durch, ohne dass der Blutzucker in den Keller rasselt. Dasselbe gilt für den Nachmittag. Wenn du es dir zur Gewohnheit machst, stets einen Snack bei dir zu haben, wirst du an den Vormittagen und Nachmittagen nicht träge und müde. Iss auch immer, wenn du von der Schule nach Hause kommst, und ruhig auch noch eine Kleinigkeit, bevor du schlafen gehst.

_ Lerne, gesund zu essen

In einem nächsten Schritt solltest du daran denken, was du in dich hineinstopfst. Gesundes Essen ist reich an Vitaminen, Mineralien und Ballaststoffen. Es gibt dir viel Energie, ohne dich dick zu machen. Die allermeisten von uns wissen im Grunde, was gesund oder ungesund ist. Du weißt, dass Hamburger, Pizza und Pommes frites nicht gesund sind, wenn man sie jeden Tag isst, während Gemüse äußerst gesund ist.

Deine Essgewohnheiten beeinflussen dich. Du merkst den Unterschied zwischen vorher und nachher, wenn du zu einer gesünderen Kost übergehst. Sowohl körperlich als auch geistig. Je gesünder du isst, desto besser wirst du deine Gesundheit erhalten, was auch deine Lernfähigkeit erhöht.

Sicher hast du schon von »schnellen« und »langsamen« Kohlenhydraten gehört. Dabei handelt es sich ganz einfach darum, wie schnell dein Blutzuckerspiegel durch unterschiedliche Lebensmittel ansteigt. Wenn du ein Stück Schokolade isst, merkst du, dass du schnell recht satt wirst. Das ist ein Zeichen dafür, dass sich dein Blutzucker erhöht hat. Wenn du dich später wieder hungrig fühlst und Symptome wie Gereiztheit und Konzentrationsschwierigkeiten auftreten, ist das ein Zeichen dafür, dass der Blutzuckerspiegel wieder niedrig ist. Das Problem mit schnellen Kohlenhydraten, wie Süßigkeiten, Weißbrot, Pasta und Pizza, ist, dass der Blutzucker zuerst in die Höhe schnellt, um danach wieder rasch abzufallen. Du wirst ziemlich schnell unkonzentriert und müde.

Langsame Kohlenhydrate, wie Bohnen, Erbsen, Nüsse und dunkles Brot, bewirken dagegen, dass der Blutzucker langsam steigt und langsam absinkt. Der Blutzuckerspiegel wird damit über lange Zeit hinweg auf gleichbleibendem Niveau gehalten. Achte darauf, den Blutzuckerspiegel so gleichbleibend wie möglich zu halten. Also mehr langsame Kohlenhydrate essen. Die Forschung zeigt nämlich, dass das nicht nur gut für den Körper ist, sondern außerdem auch die Konzentrationsfähigkeit und die Leistungsfähigkeit des Gehirns erhöht.

Um ein Maß dafür zu bekommen, welche Kohlenhydrate schnell und welche langsam sind, hat man den Begriff »glykämischer Index« eingeführt, GI. Alles mit einem GI über siebzig bis achtzig, wie zum Beispiel Weißbrot und verschiedene Süßigkeiten, betrachtet man als schnelle Kohlenhydrate, die keinen gleichbleibenden Blutzuckerspiegel bewirken. Ein

GI von sechzig abwärts bezeichnet langsame Kohlenhydrate und damit das, wovon du mehr essen solltest. Du kannst im Internet nach GI-Tabellen für verschiedene Lebensmittel suchen.

Der Weg zu Einsen in allen Fächern dauert viele Jahre, das heißt, dass du auch an andere Dinge denken musst außer nur ans Lernen. Du musst deinen Körper in Schuss halten, damit er sich mit dir während dieser Jahre anstrengt. Das erreichst du unter anderem mit gesunder Ernährung!

_ Sich ans Nichtessen zu gewöhnen, ist gefährlich

Manche Schüler gewöhnen sich an, über den ganzen Tage hinweg nichts zu essen. Das ist enorm schlecht für dich. Dein Körper stellt sich auf Hungern ein, was eine herabgesetzte Verbrennung zur Folge hat. Das bedeutet, dass der Körper nicht all seine Energie in Konzentration, Lernfähigkeit und Gedächtnisfunktionen steckt. Er muss nämlich Energie fürs Überleben aufbringen und darunter leidet das Gehirn am meisten. Abgesehen von den negativen Effekten auf den Lernerfolg, ist es gefährlich, nicht zu essen. Du solltest deinen Körper daher absolut nicht daran gewöhnen, tagsüber nicht zu essen.

Wenn du glaubst, dass du davon schlank wirst, wenn du Mahlzeiten überspringst, irrst du dich ebenfalls. Im Gegenteil. Du riskierst zuzunehmen, wenn du zu wenig isst, da die

Verbrennung im Körper dann beginnt, auf Sparflamme zu arbeiten. Das Gewicht hältst du daher am besten, wenn du regelmäßige Mahlzeiten mit einem niedrigen GI isst und dich regelmäßig bewegst. Dann funktioniert die Energieverbrennung des Körpers optimal.

WENN DU MAHLZEITEN ÜBERSPRINGST, WIRD DAS GEHIRN NICHT AUSREICHEND MIT ENERGIE FÜR KONZENTRATION, LERN- UND GEDÄCHTNISFUNKTIONEN VERSORGT

_ Mach regelmäßig Pause und schlaf ordentlich

Die meisten Muskeltrainingsmethoden bauen darauf auf, dass man einen Muskel sechs- bis zehnmal anstrengt, und dann ein paar Minuten rastet bevor es weiter geht. Strengt man einen müden Muskel ohne Pause an, wird er nicht stärker, sondern geschädigt und erschöpft.

Das Gehirn funktioniert – genau wie ein Muskel – wesentlich besser, wenn es zwischendurch rasten darf. Das merkst du auch, wenn du zu lange vor dem Computer sitzt. Du wirst müde, matt und träge und musst aufstehen und dich bewegen oder eine Weile etwas anderes machen. Sitzt du zu lange ohne Pause im Unterricht, wirst du unruhig und müde, deine Aufnahmefähigkeit sinkt.

Leg beim Lernen Pausen ein. Mach es dir zur Regel, jede Stunde zehn bis fünfzehn Minuten Pause zu machen, in denen du etwas völlig anderes tust. Du solltest auch ungefähr alle vier Stunden längere Pausen einlegen, in denen du isst, Sport treibst oder das Lernen eine Weile ganz entspannt hinter dir lässt. Regelmäßige Pausen schenken deinem Gehirn Erholung, was dir mehr Kraft geben wird, mit dem Lernen fortzufahren. Lernfähigkeit, Gedächtnis und Leistung werden so optimiert.

Du kannst dein Handy so einstellen, dass es dich jede Stunde an Pausen erinnert. Vor deiner Pause solltest du immer noch das Gefühl haben, weiter lernen zu können. Dann ist es auch nicht unangenehm, nach der Pause wieder weiterzumachen. Wenn du das Gefühl hast, dass du es nicht schaffst, nach einer Pause wieder anzufangen, kann das ein Zeichen dafür sein, dass du zu lange in einem durch gelernt hast. Überprüfe in diesem Fall deine Abläufe.

Es ist auch wichtig, dass du ausreichend Schlaf bekommst. Als Faustregel gilt, dass du immer zumindest sechs Stunden schlafen solltest, besser mehr. Aber du musst nicht mehr als sechs bis acht Stunden schlafen. Davon wirst du nicht munterer. Wenn du zu viel schläfst, kannst du sogar müder werden.

Schlafmangel ist ein häufiger Grund für Konzentrationsmangel und verminderte Gedächtnisleistung. So wie sich das Gehirn erholt und Informationen verarbeitet, wenn du Sport treibst, tut es das auch während wir schlafen. Deshalb ist es unmöglich, längere Zeit Dinge effektiv zu lernen, wenn du mit dauerndem Schlafmangel unterwegs bist.

Zusammenfassung

Rezept für ein gesünderes Schülerleben

- In allen Fächern eine Eins zu bekommen, wird hart – für dich und deinen Körper. Du musst deinen Körper in Form halten, ihn physisch und psychisch für die Anstrengung bereit machen.
- Fang an, Sport zu treiben. Leg mindestens ein bis zwei Trainingseinheiten pro Woche ein. Das wird dir die körperliche Stärke geben, das Lernen während all der Schuljahre auszuhalten. Es gibt dir auch die Möglichkeit, eine Weile den Kopf frei zu bekommen.
- Nimm die richtige Nahrung zu dir! Du benötigst Energie, um zu lernen, dich zu konzentrieren, zu fokussieren und dich wach zu halten. Diese Energie bekommst du am besten über das Essen. Iss jeden Tag regelmäßig: Frühstück, Mittagessen, Zwischenmahlzeiten und Abendessen.
- Iss wertvolle Nahrung. Nicht allzu viel Junkfood, wenig schnelle Kohlenhydrate, viel Gemüse. Im Internet findest du Tabellen mit dem GI verschiedener Lebensmittel. Du solltest am besten solche Lebensmittel essen, deren GI unter sechzig liegt.
- Mach beim Lernen regelmäßig Pausen. Ruh dich jede Stunde mindestens fünf bis zehn Minuten aus. Das macht dein Gehirn aufnahmebereiter.
- Schlaf mindestens sechs Stunden pro Nacht, besser mehr. Aber du musst nicht mehr als sieben bis acht Stunden schlafen. Wenn du eine Eins in allen Fächern bekommen willst, kannst du nicht mit ständigem Schlafmangel unterwegs sein.

12. Denk an dich selbst

Wenn du jung bist, hast du eine Menge Zeit, einfach nur an dich zu denken. Du musst dich nicht um deine Kinder kümmern, Rechnungen bezahlen, Geld verdienen. Oft bekommst du daheim dein Essen serviert und entgehst dem schwersten Teil der Hausarbeit. Du hast mit anderen Worten die einzigartige Gelegenheit, dich ganz dem Lernen und deiner Zukunft zu widmen – und deine Eltern werden glücklich darüber sein, dass du das tust! Denk also an dich selbst, solange du das kannst. Später im Leben wird das viel schwieriger.

_ Nütze die Zeit, die du hast, solange du jung bist

Denk mal über dein jetziges Leben nach. Wenn du älter wirst, werden viele Dinge anders sein, nicht nur das Milieu, das dich umgibt, sondern auch dein Blick auf das Leben und die Anforderungen, die von rundherum an dich gestellt werden. In fünfzehn Jahren führst du wahrscheinlich einen Haushalt, hast einen Job und vielleicht Kinder. Dann wirst du den Dingen eine andere Priorität geben. Ziele und Träume, die du jetzt hast, scheinen später vielleicht gar nicht mehr so wichtig. In fünfzehn Jahren wirst du dich auch nicht mehr so in dich selbstinvestieren können, wie du das während deiner Schulzeit kannst. Du hast dann mit Sicherheit ganz andere Verpflichtungen und Verantwortung für andere Menschen als jetzt.

Deshalb ist es am besten, wenn du bis dahin solche Dinge wie Ausbildung und Karriere abgeschlossen hast. Jetzt ist der Zeitpunkt, deine Ziele zu erreichen und deine Zukunftsträume wahr zu machen. Wenn du in das Alter kommst, in dem du nicht mehr weiter im Mittelpunkt stehen kannst, wirst du dich nämlich viel besser fühlen, wenn du mit deiner Ausbildung fertig bist. Je älter du wirst, desto schwieriger wird es, Dinge zu erreichen, die du selbst willst, da du dann viel mehr Rücksicht auf andere nehmen musst. Es ist also jetzt der Zeitpunkt, es sind diese Jahre, in denen du die Möglichkeit hast, an dich selbst zu denken und deine Träume zu verwirklichen. Nutze die Chance!

_ Jetzt kannst du an dich selbst denken

Bis zum Alter von etwa dreißig Jahren haben die meisten Menschen mehr Zeit, in sich selbst zu investieren. Bist du jung, hast du meistens nur an dich selbst zu denken, besonders wenn du noch bei deinen Eltern wohnst. Du musst dich nicht um Haus, Job und eigene Kinder kümmern. Meistens musst du weder saubermachen noch kochen oder Wäsche waschen. Du musst nicht einkaufen gehen oder dir den Kopf darüber zerbrechen, wie du im nächsten Monat die Rechnungen bezahlen wirst. Im Prinzip musst du nur aufwachen, frühstücken, zur Schule gehen, danach heimzukommen und deine Hausübungen erledigen. Und das Beste dabei ist, dass niemand darüber jammert, dass du lediglich an dich selbst und deine Zukunft denkst! Deine Eltern werden glücklich und stolz darauf sein, wenn du dich für die Arbeit in der Schule einsetzt. Siehst du, welches Luxusdasein du hast?

Genau jetzt wird es am leichtesten für dich sein, die Dinge durchzuziehen, deine Ziele zu erreichen und deine ganze Zeit in dich selbst zu investieren. Genau jetzt kannst du deine Träume verwirklichen, wo du im Prinzip nur an deine Gesundheit und deine Zukunft zu denken hast. Du hast die einzigartige Möglichkeit, alle Zeit, die du brauchst, deinem Erfolg in der Schule zu widmen und die Karriere aufzubauen, von der du träumst. Wenn du einmal dreißig bist, kann es zu spät dafür sein. So viele Menschen erzählen, dass sie keine Zeit mehr dafür haben, weil sie Familie, Kinder, Haushalt und andere Verpflichtungen haben. So viele Menschen bereuen, dass sie nicht in sich selbst investiert haben, als sie jung waren und die Chance dazu hatten.

Verschwende deine Zeit deshalb nicht mit unnötigen Dingen. Plan dein Leben und deine Zukunft, setz Prioritäten. Nütze die einzige Zeit im Leben aus, in der du an dich selbst denken kannst, während deine Angehörigen nur glücklich darüber sind, dass du das tust!

_ Du hast nicht unendlich viel Zeit

Könntest du zweihundert Jahre lang leben und hättest du zwanzig Jahre lang Zeit dafür, das Gymnasium zu schaffen, dann gäbe es kein Problem. Du könntest lauter gute Noten bekommen, während du gleichzeitig auch noch Zeit für anderes hättest. Aber wir leben nun einmal nicht zweihundert Jahre lang.

Du musst in kurzer Zeit das Maximum leisten. Wenn Kinder und Berufsleben in Sichtweite kommen, während du noch lernst, wird es hart für dich. Sicher gibt es viele, die das schaffen, und du würdest das sicher auch, wenn du müsstest. Aber es ist viel klüger, einen Zahn zuzulegen, solange du nur an dich selbst denken musst.

_ Schieb deine Ausbildung nicht auf

Ein Teil meiner Kollegen im Medizinstudium war bereits um die dreißig oder vierzig. Die meisten von ihnen hatten Familie und Kinder und einen Teilzeitjob, um finanziell über die Runden zu kommen. Ich konnte sehen, wie anstrengend es für sie war. Sie klagten darüber, dass sie keine Zeit hätten, sich hinzusetzen und sich wirklich aufs Studium zu konzentrieren. Es kam immer etwas dazwischen. Ein forderndes Studium, und gleichzeitig vielleicht mehr Zeit für dein Kind oder deinen Partner/deine Partnerin haben zu wollen, kann schwierig und frustrierend sein. Dass du in einer solchen Lebenssituation auch noch Zeit für Sport, Freunde oder Vergnügungen hast, kannst du gleich ganz vergessen.

Wenn du nicht weißt, was du werden willst, und noch Bedenkzeit brauchst, ist das ganz in Ordnung. Aber warte nicht zu lang. Viele, die sich entscheiden, nicht gleich weiter zu studieren, beginnen nie eine akademische Ausbildung, obwohl sie das ursprünglich vorhatten. Für das Lernen bleibt irgendwann einfach keine Zeit mehr. Deshalb rate ich dir, es gleich zu tun, dir deinen Traumjob zu schnappen und eine gute finanzielle Ausgangssituation zu schaffen, bevor du dreißig bist. Das Leben ist nicht unendlich lang. Nütze also dein Recht aus, an dich selbst zu denken, solange du kannst!

Zusammenfassung

Denk an dich selbst!

- Deine Zeit ist begrenzt. Wenn du deine Ziele erreichen willst, gilt es, das jetzt zu tun, solange du die Chance hast, dich auf dich selbst zu konzentrieren. Später kann es zu spät dafür sein!
- Denk dran, welches Luxusdasein du führst! Du kannst all deine Zeit dem Lernen und dem Aufbau deiner Zukunft widmen. Deine Eltern werden nur glücklich sein, wenn du das tust.
- Schieb dein Hochschulstudium nicht auf. Es besteht das Risiko, dass du nie eine Universitätsausbildung beginnst, wenn andere Verpflichtungen dazwischenkommen.

13. Richte den Blick auf das Unmögliche

Erfolgreiche Menschen haben immer schon gewusst, dass es gefährlich ist, sich mit etwas zufriedenzugeben. Denn das bremst ihre Kreativität und die Kraft, die sie antreibt, Lösungen für Probleme zu finden. Sich zufriedenzugeben ist angenehm, weil du dich dann nicht mehr anstrengen musst. Das ist das Bequeme daran. Wenn wir uns zufriedengeben, strengen wir uns nicht mehr an. Wenn wir uns nicht mehr anstrengen, entwickeln wir uns nicht mehr weiter.

_ Träum ohne Grenzen

Du solltest dich nie zufriedengeben! Das klingt vielleicht hart und schwierig, aber es ist wichtig, dass du immer noch mehr willst. *The hunger for more,* wie ich das nenne, wird dich stets weiter und weiter treiben im Leben. Das ist eines der Geheimnisse hinter jedem Erfolg. Glaubst du, dass der Dollarmilliardär Donald Trump mit seinem Vermögen zufrieden ist? Vielleicht ist er zufrieden mit dem, was er bisher erreicht hat, aber er arbeitet immer noch härter als die meisten von uns, jeden Tag, obwohl er 65 Jahre alt ist! Natürlich liebt er das, was er tut, aber er gibt sich nicht damit zufrieden! Deshalb kam er von Millionen zu Milliarden, von der Grundstücksbranche zur Unterhaltungsbranche und vom Nobody zur Weltbekanntheit. Behalte daher das Motto »Gib' dich niemals zufrieden« im Hinterkopf.

Wir Menschen schaffen gerne unsere eigenen Träume, lieben es, das Unmögliche möglich zu machen, Gedanken Wirklichkeit werden zu lassen. Vor tausend Jahren war es unmöglich, zum Mond zu fliegen. Heute schicken wir Raumschiffe zu anderen Planeten. Vor tausend Jahren war es unmöglich, einfache Infektionen zu heilen. Heute transplantieren wir Herzen, klonen eigene Organismen und heilen Krebs. Heute ist es unmöglich, einen Menschen wiederzubeleben, der bereits längere Zeit tot war, aber in tausend Jahren ist das vielleicht möglich!

Der Mensch strebt stets nach mehr. Ohne diesen Instinkt wären wir nie so weit gekommen in unserer Entwicklung. August Strindberg hat einmal gesagt: *»Wenn du den Blick auf das Unmögliche richtest, erreichst du den höchsten Grad des Möglichen.«* Ich wette, dir fallen Dinge in deinem Leben ein, auf die dieses Motto zutrifft. Wenn du Höheres anstrebst, landest du oft früher oder später dort. Selbst wenn du nicht bis ganz ans Ziel gelangst, kommst du bedeutend weiter, als wenn du dich mit weniger zufriedengegeben hättest. Wenn du immer nur nach Dingen strebst, von denen du schon weißt, dass du sie schaffst, nützt du deine volle Leistung nicht aus. Du landest dort, wo du landen willst – oder knapp drunter. So funktionieren wir Menschen.

Denk an diese Dinge, wenn es um deinen Einsatz für die Schule geht. Steck dir hohe Ziele. Die Noten 4, 3 oder 2 sollten sich niemals unter deinen Zielen befinden. Einzig und allein die Note Eins sollte erstrebenswert sein. Häng noch eine Null an, wenn du dir vorstellst, dass du ein Einkommen von zweitausend Euro im Monat bekommen willst, wenn du aus der Schule draußen bist. Das mag unrealistisch sein, aber wenn du so denkst, wirst du definitiv ein höheres Einkommen haben als zweitausend Euro! Denk ohne Grenzen, träum ohne Grenzen. *The sky ist the view, not the limit!*

_ Leg dir die Latte hoch

Ab jetzt solltest du dich niemals zufriedengeben, bevor du nicht eine Eins auf alle deine Prüfungen, alle Arbeiten und anderen bewerteten Aufgaben bekommen hast. Es spielt keine Rolle, ob du bisher einen Schnitt von Vier gehabt hast. Dein Ziel ab jetzt ist nicht bloß, dich ein wenig zu verbessern, dein Ziel ab jetzt ist, überall der Beste zu sein! Wenn du bisher ein 4er-Schüler warst und jetzt anfängst, die Note Drei oder Zwei zu bekommen, nachdem du dieses Buch gelesen hast, denkst du vielleicht: »Ah, es funktioniert!« Du musst aber völlig umdenken und solltest nicht dankbar sein, bevor du nicht zu den Besten gehörst. Dass du deine Noten verbesserst, ist lediglich ein Zeichen dafür, dass du auf dem richtigen Weg bist. Aber du bist noch nicht am Ziel! Sicher wirst du eine deutliche Verbesserung deiner Lernsituation feststellen, nachdem du dieses Buch gelesen hast. Du solltest dich jedoch nicht zufriedengeben, bevor du nicht eine Eins in allen Fächern hast.

Leg dir die Latte also immer hoch. Erinnere dich an das Motto: »Richte deinen Blick auf das Unmögliche, dann erreichst du den höchsten Grad des Möglichen.« Sogar wenn du nie ganz bis dorthin gelangst, macht das nichts, denn deine Latte liegt so hoch, dass ein paar Zentimeter darunter ausreichen. Auf diese Weise kommst du mehr weiter, als wenn du deine Ziel-Latte tiefer legen und bloß sie erreichen würdest. Denk dir also Folgendes: Wenn du dich damit zufriedengibst, in vier deiner Fächer die Note Eins zu erreichen, schaffst du das vielleicht, aber vermutlich auch nicht viel mehr. Zielst du dagegen darauf, in all deinen Fächern eine Eins zu bekommen und schaffst du das nur zu achtzig Prozent, hast du trotzdem eine viel bessere Leistung erbracht als im ersten Fall. Du wirst dich unterbewusst selbst unter Druck setzen, bis du am Ziel oder zumindest knapp davor bist.

„RICHTE DEINEN BLICK AUF DAS
UNMÖGLICHE, DANN ERREICHST DU DEN
HÖCHSTEN GRAD DES MÖGLICHEN!"
– AUGUST STRINDBERG

_ Lass dich von der Freude anspornen

Als ich neu in der Oberstufe war, bekam ich, wie gesagt, überraschend eine Eins auf meine allererste Prüfung. Da war ich so stolz, dass ich mein Streben, so weiterzumachen, damit blockierte. Ich war zufrieden und dachte: »Halb so schlimm, wenn es bei der nächsten Prüfung nicht genauso gut geht, ich hab ja diese so gut gemacht!« Hätte ich diesen Gedanken nicht geändert, hätte ich es wahrscheinlich nicht geschafft, einen so guten Notendurchschnitt zu halten.

Verlier nicht die Antriebskraft nach deiner ersten Eins! Spar dir die Erleichterung für später und gibt dich nicht damit zufrieden. Denk dir, dass das nur ein Beweis dafür ist, dass du gerade herausfindest, wie man's macht. Lass dich vom Erfolg anspornen.

Freude, Stolz und Lust machen uns zufrieden. Ungefähr so zufrieden, dass wir Misserfolge nicht als etwas betrachten, das wir in den Griff bekommen müssen. Allzu große Zufriedenheit kann uns daran hindern, Probleme zu lösen. Aber wenn dir das bewusst ist, kannst du es verhindern. Versteh mich richtig: Du kannst selbstverständlich glücklich über deine Ergebnisse sein und stolz darauf, aber du solltest gleichzeitig nach mehr streben. Jedes Mal, wenn du eine Eins bekommst, solltest du dir denken: »Eines fertig, hundert kommen noch. Es ist noch lange nicht vorbei. Ich werde wieder eine Eins bekommen!« Gib dich also nicht zufrieden mit deiner ersten Eins, auch wenn es anfängt, sich wirklich gut anzufühlen!

_ Sei demütig, auch wenn es gut läuft

Wenn du mein Buch gelesen hast, wirst du anfangen, viel bessere Noten zu bekommen, aber man kann nie sicher sein.

Der Schein kann trügen! Wenn du gute Noten bekommst, besteht das Risiko, dass du ein wenig überheblich wirst. Ich selbst habe diesen Fehler ein paar Mal gemacht und habe dafür gebüßt. Bleib deshalb immer demütig, wie tüchtig du auch wirst!

Du darfst nicht glauben, dass du jetzt immer automatisch eine Eins bekommst. Du kannst dir nicht vorstellen, wie viele Menschen ich kenne, die die Unterstufe mit Höchstnoten in allen Fächern abgeschlossen haben, aber in der Oberstufe nicht annähernd so gut waren. Jedes Fach ist eine neue Herausforderung.

Ich habe einige wenige Prüfungen in der Schule gehabt, bei denen ich mich ziemlich sicher gefühlt habe, die aber überhaupt nicht so gelaufen sind, wie ich mir das vorgestellt hatte. Meine bisher gute Performance hatte mir ein gefährliches Gefühl von Sicherheit gegeben. Wenn du fünf Prüfungen in einem Fach hast und auf die ersten vier eine Eins bekommst, glaubst du vielleicht, es ist unnötig, dich vor der fünften Prüfung genauso sehr anzustrengen. Aber du kannst es dir nicht leisten, dich auszuruhen. Jede Prüfung ist eine neue Herausforderung, die du mit dem entsprechenden »Hunger im Blick« annehmen solltest.

JEDE PRÜFUNG IST EINE
NEUE HERAUSFORDERUNG

_ Es gilt, wirklich überall auf Einser-Kurs zu sein

In jedem Schulfach gibt es Prüfungen, schriftliche Arbeiten oder andere Aufgaben. Um sicher zu gehen, dass du in allen Fächern Einsen bekommst, musst du dich auf alle konzentrieren. Es kommt darauf an, wirklich alle beurteilten Leistungen mit einer Eins abzuschließen, damit du am Ende keine böse Überraschung erlebst.

Einmal hatten wir in der Oberstufe drei Prüfungen in einem Fach. Auf die erste Prüfung bekam ich eine Eins. Auf die nächste Prüfung erhielt ich die Maximalpunkteanzahl. Bevor ich die letzte Prüfung machen sollte, fragte ich meinen Lehrer: »Muss ich wirklich eine Eins auf die letzte Prüfung haben, um auch eine Eins im Zeugnis zu bekommen?« Er antwortete: »Ja, das musst du!« Das gelang mir zum Glück auch. Aber als wir dann unsere Noten erfahren sollten, sagte mein Lehrer: »Du weißt schon, dass du auf jeden Fall eine Eins im Zeugnis bekommen hättest, auch wenn du ein wenig darunter gelegen wärst mit der letzten Prüfung? Ich habe das nur gesagt, damit du nicht nachlässt. Ich wollte, dass du auch für den letzten Teil so viel lernst, wie du kannst.« Damals hatte ich das Gefühl, dass ich unnötig Zeit aufgewendet hatte, aber jetzt weiß ich, dass mein Lehrer Recht hatte.

In der Schule kommt es ja nicht nur darauf an, gute Noten zu bekommen. In allererster Linie geht es darum, Wissen zu erwerben. Eine Eins im Zeugnis zeigt, dass dir das gelungen ist. Oft lassen wir nach, wenn wir nicht gezwungen sind, mehr zu leisten. Wir verlieren den Fokus. Wenn dir das passiert, riskierst du, dein Notenziel am Ende nicht zu erreichen.

Nimm dir also vor, künftig auf alle Prüfungen, Arbeiten und anderen Arbeitsaufträge in jedem Fach eine Eins zu erreichen. Nach jedem Schuljahr schöpfst du neue Kraft, um im neuen Schuljahr auf genau dieselbe Weise fortsetzen zu können. So machst du weiter, bis alle deine Einsen im Abschlusszeugnis stehen. Du wirst vom Gymnasium mit einem Endnotendurchschnitt von Eins abgehen, und mit nichts anderem. Einzig und allein daran passt du die Höhe deiner Messlatte an und nur dann kannst du zufrieden sein!

_ Lass dich von deiner ersten guten Note beflügeln

Als ich mit der Oberstufe anfing, dachte ich nicht einmal daran, in allen Fächern Einsen zu bekommen. Ich wusste nicht, was das bedeutet. Das Ganze begann damit, dass ich eine Eins auf meine erste Prüfung bekam. Genau diese Prüfung gab mir die Antriebskraft, mich mit keiner schlechteren mehr zufriedenzugeben. Als das erste Jahr dann vorbei war, hatte ich in allen beurteilten Fächern eine Eins. Klar, dass ich da den Schnitt im nächsten Jahr beibehalten wollte.

Wenn du eine Eins auf die erste Prüfung oder die ersten Fächer bekommst, gibst du dich mit Schlechterem nicht mehr zufrieden. Das sind biologische Mechanismen – wir Menschen funktionieren so. Wir wollen unseren Standard nicht senken, streben stets nach mehr. Sieh deshalb zu, dass du eine Eins auf deine erste Prüfung bekommst. Damit hast du den Grundstein zum Erfolg gelegt!

_ Wenn du dich zufriedengibst, verlierst du den Fokus

Jetzt werde ich dir erzählen, was passiert, wenn du dich zufriedengibst. Bist du allzu zufrieden, wirst du nicht mehr denselben Zug nach vorne spüren. Du wirst entspannter sein und anfangen, alles so zu nehmen, wie es kommt. Das trägt dazu bei, dass dir Misserfolge nicht mehr so negativ erscheinen. Auch wenn du weit kommen könntest, scheint es völlig ok, keine großen Sprünge zu machen. Die innere Kraft, die dich sonst vorwärts treibt, erlischt.

Stell dir vor, dass du gerade eine Prüfung geschrieben hast und du sie mit einer Eins zurückbekommst. In derselben Unterrichtsstunde, in der du die Prüfung zurückbekommst, kündigt der Lehrer an, dass ihr auch noch eine unvorbereitete Prüfung haben werdet. Denk darüber nach, wie du dich in diesem Augenblick fühlen würdest. Sogar wenn du ein wenig schockiert wärst, wäre es doch irgendwie akzeptabel, einfach weil du doch gerade erst eine lupenreine Eins geschrieben hast und super zufrieden mit dir bist. Das »Okay-Gefühl«, das du in diesem Moment hast, ist nicht gut für dich. Es sagt: »Ach, es macht nichts, wenn ich diese Prüfung nicht genauso gut schaffe, wo ich doch gerade eine Eins geschrieben habe. Das kann ich sicher bei der nächsten Gelegenheit wieder gutmachen.« Und genau damit hast du vermutlich deine Chancen auf eine Eins auf diese Prüfung vergeben, im schlimmsten Fall sogar auf eine Eins im Zeugnis.

Denk dran, was mit Sportlern oft passiert, wenn sie Super-Stars werden: Wie oft hast du nicht schon einen Sportler verlieren gesehen, nur weil er nicht mehr genauso »hungrig« ist? Ruhm und Ehre nehmen überhand und führen zu Bequemlichkeit. Geld kommt ins Spiel und die Person, beginnt zufrieden zu werden mit ihrem Einsatz. Sie braucht nicht mehr ums Überleben zu kämpfen. Mit anderen Worten: Werde berühmt, sei der Beste und lenk eines schönen Tages die Welt, aber lehn dich nie zurück. Sei stets demütig und vergiss nie, woher du kommst. Lösche niemals deinen Hunger aus!

_ Es ist schwer, zurückzukommen, wenn du einmal bequem geworden bist

Was, glaubst du, ist das Schlimmste am Zufriedensein? Natürlich bist du unheimlich tüchtig, wenn du in den meisten Fächern eine Eins und nur vereinzelt ein paar Zweien im Zeugnis hast. Aber es geht nicht allein darum, dass du kontinuierlich gute Leistungen bringst. Die Sache ist auch die, dass es von einem gewissen Punkt an viel schwieriger wird für dich, wieder aufzuschließen, wenn du erst einmal nachgelassen hast. Du findest nicht mehr zurück zum selben Kampfgeist, zum selben Hunger, zum selben Rhythmus, zur alten Routine. Nehmen wir ein Beispiel, damit du verstehst, was ich meine: Stell dir vor, du sollst zehn Kilometer weit laufen. Nach acht Kilometern fühlst du dich so müde, dass du rasende Schmerzen in den Beinen hast. Nachdem du ziemlich zufrieden bist mit deinen acht Kilometern, gehst du eine Weile. Aber damit wird es viel mühsamer, danach wieder zu Laufen. Deine Beine spüren, wie schön es ist, innezuhalten und das Tempo eine Weile zurückzunehmen. Das Risiko besteht, dass du überhaupt nicht wieder zu laufen beginnst, sondern den Rest des Weges nur noch gehst.

Auf genau dieselbe Weise funktioniert deine mentale Einstellung in der Schule. Wenn du dich mit etwas zufriedengibst, passt du dich an ein weniger anstrengendes Niveau an und es wird viel schwieriger, wieder zurückzukommen. Entspann dich deshalb nicht, bevor nicht jedes einzelne Fach abgeschlossen ist. Verlier nicht den Rhythmus und die Routine, die du dir hart erarbeitet hast. Atme durch, wenn alles vorüber ist. Glaub mir, diese Erleichterung wird die beste der Welt sein!

_ Grenzen setzen

Natürlich musst du auch irgendwo eine Grenze setzen. Wenn du buchstäblich nie mit irgendetwas zufrieden bist, dann wird sich das sowohl auf dich als auch auf die Menschen in deiner Umgebung negativ auswirken. Wir alle haben verschiedene Ambitionen und Ziele im Leben. Deshalb ist deine Grenze auch sehr individuell. Du allein weißt, wie viel du schaffst und wann du eine Pause brauchst.

Du solltest dir stets die innere Freude und den Lebensmut erhalten und darfst selbstverständlich auch stolz auf deine Erfolge sein. Alles andere wäre eigenartig! Aber statt dich zufriedenzugeben, denk dir: »Super, dass es so gut gelaufen ist, dann werde ich jetzt so weitermachen!« Mit den richtigen Lernmethoden, den richtigen Prioritäten, guter Planung, genügend Pausen und Sport wird es nicht so schwer werden, wie du glaubst. All das kannst du aus diesem Buch lernen.

Zusammenfassung

Richte den Blick auf das Unmögliche

- Ab jetzt wird das Ziel sein, dass du in allen Fächern eine Eins bekommst. Dann – und nur dann – hast du dein Ziel erreicht und kannst zufrieden sein.
- Jede einzelne Prüfung, jede Arbeit oder sonstige Leistungsfeststellung, ist ein neues Gefecht und eine neue Herausforderung. Fühl dich daher niemals sicher, bevor du nicht bewiesen hast, dass du es schaffst, die Eins zu bekommen.
- Wenn du dir die Latte hoch legst, macht es nichts, wenn du eine oder ein paar Handbreit darunter landest. Richte deshalb deinen Blick auf das Unmögliche, damit du den höchsten Grad des Möglichen erreichst!
- Versuche, eine Eins auf deine allererste Prüfung, deine allererste Arbeit zu bekommen, da du dich danach automatisch nicht mehr mit Schlechterem zufriedengibst.
- Denk dran: Wenn du dich zufriedengibst, wirst du bequem und beginnst, den Fokus zu verlieren. Dann wird es schwer, wieder zurückzufinden. Sei stets diszipliniert und atme nicht durch, bevor nicht alles vorüber ist.
- Mit den richtigen Lernmethoden, der richtigen Planung, der Fähigkeit, Prioritäten zu setzen, ausreichend Pausen und Sport wirst du alle Herausforderungen meistern, ohne erschöpft zu sein. All das kannst du aus diesem Buch lernen.

14. Gib niemals auf

Während deiner Schulzeit wird es besonders stressige Phasen geben. In solchen Situationen wirst du vielleicht einfach aufgeben wollen. Tu das aber nie! Wenn du einmal anfängst, etwas aufzugeben, besteht das Risiko, dass du es immer wieder tust. Du wirst es schwer haben, wieder anzufangen, da du gemerkt hast, wie schön es war, einfach alles loszulassen. Geh das Risiko nicht ein! Der Preis dafür kann sein, dass es in Zukunft nur noch wesentlich härter wird für dich.

_ Die Schule ist nicht schwer – nur anstrengend

Aufgeben kann uns ein schönes Gefühl von Erleichterung bescheren, daher scheint es oft verlockend. Leider ist die Erleichterung meist nur von kurzer Dauer. Du wirst auf lange Sicht einen hohen Preis bezahlen, wenn du aufgibst, sobald es anstrengend wird. Es gibt eigentlich nur einen Vorteil: Es ist das Leichteste, was man im Moment tun kann. Sonst gibt es nur Nachteile.

Schulen sind keine hochwissenschaftlichen Forschungseinrichtungen, mit der nur Genies richtig gut klarkommen. Denk daran, wenn etwas unmöglich zu schaffen scheint. In die Schule gehen und gute Noten bekommen, ist anstrengend, aber eigentlich nicht schwer. Die Schule ist so eingerichtet, dass es allen möglich sein sollte, sie zu schaffen.

Dein Gehirn ist genauso gebaut wie das aller anderen. Es kann Erinnerungen speichern, neue Eindrücke aufnehmen, Zusammenhänge verstehen, Dinge begründen, logische Schlüsse ziehen und vieles mehr. Es führt zu nichts, wenn du passiv bist und aufgibst, sobald es anstrengend wird.

Die Allerwenigsten finden es super, früh am Morgen aufzustehen, erst spät am Tag nach Hause zu kommen und den Rest des Nachmittags mit Lernen zu verbringen, und das die ganze Woche – über mehrere Jahre hinweg! Ganz klar, dass du lieber ausschläfst, dich mit deinen Freunden triffst, shoppen oder zum Sport gehst und abends einen lustigen Film siehst. Solche Aktivitäten zehren nicht so sehr an deinen Kräften und deshalb verbindet man sie mit »es lustig haben« oder »ausspannen«.

Lernen und in den Unterricht gehen erleben dagegen viele als schwer. Aber es ist nicht schwer, es fordert nur Energie. Texte zu verstehen, Vokabel zu lernen und Rechenbeispiele zu lösen fordert geistige Arbeit, Konzentration und Fokus. Aber dass das anstrengend ist, ist nur ein vorübergehendes Gefühl, das dein Leben nicht dominieren sollte. Vieles im Leben ist anstrengend, trotzdem müssen wir es schaffen.

In der Regel handelt es sich nur um schlechte Planung, wenn wir das Gefühl haben, etwas ist unmöglich zu schaffen. Wirke dem entgegen, indem du richtig planst und Prioritäten setzt. Lies mein Kapitel *Planen und Prioritäten setzen* und fang rechtzeitig an, damit Dinge nicht erst in letzter Sekunde auftauchen. Übernimm die Kontrolle. Sei organisiert. Hast du die Kontrolle, gelten deine eigenen Regeln.

_ Alles ist relativ

Selbstverständlich fühlt sich die Arbeit in der Schule verglichen mit der Zeit, die du mit deinen Freunden verbringst, anstrengend an. Wenn du aber dein Lern-Dasein damit vergleichst, was arme Kinder in Afrika aushalten müssen oder was ein Niedriglohn-Arbeiter in Indien machen muss, wirst du einsehen, dass du ein ziemlich gutes Los gezogen hast! In der Dritten Welt träumen Kinder davon, einen eigenen Stift zu bekommen, damit sie schreiben können. Viele wünschen sich nichts sehnlicher als eine Schulausbildung. Du brauchst nicht mehrere Stunden am Tag Wasser vom Brunnen holen. Du brauchst nicht sechzehn Stunden am Tag für einen Lohn von ein paar Euro zu arbeiten. So sieht das Leben für Millionen von Menschen nämlich aus! Dagegen hast du die Chance zu lernen, gratis, in einem Land, das dir die Möglichkeit dazu gibt. Hast du das Gefühl, dass etwas anstrengend ist, denk daran, wie es vielen anderen Menschen auf der Erde geht. Du wirst bald einsehen, dass es dir viel besser geht als du glaubst!

_ Aufgeben ist eine biologische Abwehrfunktion

Aufgeben ist eine biologische Abwehrfunktion, die wir Menschen anwenden, um Druck, Stress und andere Dinge zu vermindern, die den Körper negativ beeinflussen. In der Schule wird es viele Dinge geben, die beschwerlich für dich sind. Ich erinnere mich selbst, wie ich in Phasen, in denen ich viel zu tun hatte, extrem müde und gestresst sein konnte. Ich dachte: »Wie schön wäre es, einfach etwas anderes zu machen!« Dieses Gefühl wirst du auch manchmal haben. Aber in solchen Situationen solltest du dich stets fragen: Was gewinne ich damit, wenn ich jetzt aufhöre? Du hast doch schon so viel Zeit und Mühe investiert. Wenn du jetzt aufgibst, war alles umsonst!

WAS GEWINNST DU, WENN DU JETZT AUFGIBST?

Manchmal kommen Schüler weinend zu mir und sagen: »Ich schaff's nicht mehr. Ich geb's bald auf!« Ich schaue ihnen in die Augen und sage: »Heul'. Das ist völlig in Ordnung. Heul' so viel du willst, aber heul' nicht, um aufzugeben! Heul', um weiterzumachen!« Es gibt einen großen Unterschied zwischen diesen beiden Dingen. Du kannst weinen, weil du aufgeben willst, oder du kannst weinen, weil es anstrengend ist, du aber trotzdem weitermachst. Sei beharrlich und denk dir: »Wenn das jetzt so mühsam und anstrengend ist, dann werd ich später, verdammt noch mal, dafür belohnt werden!« Gibst du auf, bleibt deine Belohnung aus.

_ Das, was nützlich ist, ist oft anstrengend

Hast du gemerkt, dass sich nützliche Dinge oft anstrengend anfühlen? Viele essen Gemüse nur ungern, weil sie es nicht leiden können – aber Gemüse ist nützlich. Viele machen keinen Sport, weil es anstrengend ist. Aber es ist gut, Sport zu treiben. Dinge, die nützlich sind, sind anstrengend. Wäre es leicht, erfolgreich zu sein, würden es doch alle schaffen, nicht wahr? Wäre es leicht, Einsen in allen Fächern zu bekommen, würde es jeder Schüler hinbekommen.

Die Schule wird dir von enorm großem Nutzen sein in deinem Leben, aber du musst dich anstrengen. Deshalb pfeifen viele Jugendliche auf die Arbeit in der Schule und sind lieber mit ihren Freunden unterwegs. Sie schaffen es nicht, sich durch anstrengende Dinge durchzukämpfen. Aber du willst doch nicht in Zukunft ein anstrengendes Leben führen, nur weil du es nicht aushältst, dass es jetzt anstrengend ist – ein paar kurze Jahre lang? Eigne dir diese Sichtweise an und mach stattdessen etwas Positives draus. Nur Menschen mit starkem Willen und Ehrgeiz, schaffen es bis ganz nach oben. Sie geben nicht auf, auch wenn sie mit ihrer Energie eigentlich am Ende sind.

Denk daran, dass du auch andere Dinge in deinem Leben tust, die langweilig und zeitaufwendig sind. Zähneputzen etwa. Natürlich wäre es einfacher, könntest du einfach gehen und dich schlafen legen, sobald du müde bist. Trotzdem putzt du dir jeden Abend die Zähne. Du weißt ja, dass du dich um deine Zähne kümmern musst. Deshalb tust du es, auch wenn du müde und träge bist. Dasselbe gilt für die Schule. Es ist bequemer, nicht zu lernen. Aber wenn du aufgibst, sobald du müde wirst, kann das schlecht für dich ausgehen. Weil dann dafür dein späteres Leben anstrengend wird.

_ Aufgeben kann zur Gewohnheit werden

Glaub mir, es werden Momente kommen, in denen du einfach aufgeben willst. Du wirst an vielen Tagen morgens aufwachen und lieber in deinem schönen, warmen Bett bleiben, als zur Schule zu gehen. Du wirst manchmal große Lust haben, aufs Lernen zu pfeifen und stattdessen mit deinen Kumpels auszugehen und dir einen Film anzusehen. Du wirst Verteidigungsstrategien anwenden, wie: »Ach, ich fang dann halt morgen an!« Dass du etwas aufschiebst, bedeutet, dass deine Faulheit deine Weisheit besiegen konnte. Das ist nicht gut. Oft glauben wir, dass wir etwas »nur« bis zum nächsten Tag oder zur nächsten Woche aufschieben können. Aber es passieren zwei Dinge: Erstens hinkst du deinem Terminplan nach. Zweitens – und das ist noch schlimmer – akzeptierst du ein Denkmuster, nach dem es okay ist, Dinge aufzuschieben. Du bringst dich in einen Teufelskreis. Wenn du einmal aufgibst, gibst du das nächste Mal noch leichter auf. Du wirst denken: »Ach, ich hab ja schon einmal eine Arbeit übersprungen, es macht also auch nicht so viel, wenn ich noch einmal eine überspringe.« Du wirst so lange so weitermachen, bis so viele Fächer davon betroffen sind, dass es super schwierig für dich wird, wieder auf Kurs zu kommen. Achte daher darauf, dich mit null Toleranz gegen das Aufgeben zu wappnen – dann behältst du stets die Routine!

_ Meine eigenen Erfahrungen

In meinem letzten Jahr auf dem Gymnasium passierte etwas, woran ich mich noch sehr gut erinnere: Das Abitur näherte sich in rasendem Tempo. Ich hatte noch viel zu planen, die Kleidung, die Feier danach, das gemeinsame Essen mit Familie und Freunden. Gleichzeitig hatte ich meine letzten und vielleicht schwierigsten Prüfungen vor mir. Ich war gestresst und ausgelaugt, hatte meine Freunde schon eine Zeit lang kaum gesehen, trainierte nicht regelmäßig und machte einfach nichts, was Spaß machte. Die Abende nach der Schule bestanden aus Lernen, Planung und zu wenig Schlaf.

Ungefähr zwei Wochen vor der Zeugnisvergabe, hatte ich noch vier große Prüfungen und zwei Arbeiten vor mir. Ich dachte mir: »Wie soll ich das zeitlich nur schaffen mit der ganzen Planung und meinem Ziel, lauter Einsen zu bekommen? Die Zeit reicht ja hinten und vorne nicht!« Ich wurde noch müder und ausgelaugter, negative Gedanken überkamen mich. Ich war so weit, dass ich einfach aufgeben wollte. Ich sagte meiner Mutter, dass ich den Druck nicht aushalten und hier und jetzt zu lernen aufhören würde. Ich dachte, der Rest der Prüfungen und Arbeiten müsste nun eben so bleiben, wie er war. Am selben Abend legte ich die Bücher weg. Ich ging zu Bett, fand aber keinen Schlaf. Beim Wachliegen in dieser Nacht wurde mir dafür etwas klar, das mein Leben verändern sollte. Ich sah es alles klar vor mir: Während so vieler Jahre hatte ich noch nie irgendetwas aufgegeben. Auch wenn ich gerade mitten in der aller anstrengendsten Phase steckte, wusste ich, dass ich auch davor schon schwere Prüfungen durchgestanden hatte. Sollte ich da die Schufterei von Jahren durch zwei einzige Wochen zerstören lassen? Ich setzte mich im Bett auf und sagte laut »Nein!«. Es war noch nicht Zeit, loszulassen. Während der letzten Wochen kämpfte ich wie nie zuvor, was dazu führte, dass ich ein besseres Ergebnis als jemals zuvor bekam. Ich bekam nicht nur Einsen in allen Fächern, sondern erreichte in drei von vier Prüfungen sogar die Höchstpunkteanzahl. Der Tag meines Schulabschlusses war fantastisch. Ich werde ihn niemals vergessen.

_ Es besteht keine Gefahr, dass du dich verschleißt

Du bist jung, gesund und schaffst viel mehr als du glaubst. Es gibt also keinen Grund für dich, aufzugeben, weder jetzt, noch ein andermal. Denk dran, wie es mir gelungen ist, in den letzten beiden Schulwochen auf dem Gymnasium noch einmal meine Kräfte zu bündeln. Das war wirklich nicht leicht, aber ich habe es hingekriegt. Ich habe an mein Ziel gedacht und an all das, was ich bis dahin geschafft hatte. So ist es mir gelungen, mir neue Energie zu holen.

Ich bin kein Kerl von einem anderen Planeten mit Superintelligenz. Ich bin kein Einstein. Ich bin nur ein gewöhnlicher Mensch, genau wie du. Ich hab nur nicht aufgegeben, auch wenn das damals viel leichter und schöner für mich gewesen wäre. Aber hätte ich aufgegeben, hätte ich das im Nachhinein bitter bereut. Es hätte vielleicht meine gesamte Zukunft beeinflusst und ich wäre wahrscheinlich nicht dort, wo ich heute bin. Nichts geht über das Gefühl, etwas geschafft zu haben, was man nicht für möglich gehalten hätte!

_ Hab keine Angst vor Misserfolgen

Es gibt keinen Menschen auf dieser Welt, der nicht auch einmal scheitert. Aber Misserfolge gehören zu deiner Entwicklung. Du lernst aus deinen Misserfolgen, gib daher nicht auf! Wähl nicht das Einfache statt des Schwierigen. Auf lange Sicht gewinnst du absolut nichts damit, wenn du aufhörst, dich anzustrengen, bevor du nicht alles geschafft hast. Lies dir dieses Kapitel jedes Mal wieder durch, wenn du spürst, dass du einfach aufgeben willst. Erinner dich daran, dass es das nicht wert ist. Aufgeben zu wollen ist nur ein vorübergehendes Gefühl, aber wenn du dem Gefühl nachgibst, kann das zu Verlusten in deinem Leben führen. Außerdem besteht das Risiko, dass du dir ein Muster schaffst, wenn du dem Ich-will-aufgeben-Gefühl erst ein paar Mal nachgegeben hast. Aufgeben sollte für dich keine Alternative sein.

Zusammenfassung

Gib niemals auf

- Lernen und gute Noten bekommen ist nicht schwer, nur anstrengend. In Wahrheit hast du ein gutes Los gezogen. Du hast die Möglichkeit, eine gute Ausbildung zu erhalten. Mach etwas draus!
- Lernen ist zeitaufwendig und vielleicht nicht immer so lustig. Aber es ist etwas, was du tun musst, um dein Ziel zu erreichen. Immer wieder müssen wir Dinge tun, die wir nicht mögen, wenn wir weiterkommen wollen.
- Aufzugeben ist eine biologische Abwehrreaktion, die das Leben auf kurze Sicht einfacher macht. Wenn du aber aufgibst, wird es viel schwerer, danach wieder weiterzumachen. Darüber hinaus besteht das Risiko, dass es zur Gewohnheit wird. Deshalb solltest du null Toleranz gegenüber dem Aufgeben haben.
- Hab keine Angst vor Misserfolgen. Misserfolge zu haben, ist menschlich und der Schlüssel zu aller Entwicklung.
- Wenn du aufgibst, wirst du es bereuen. Mach dir bewusst, dass es möglicherweise genügt, dass du bei einer einzigen Prüfung aufgibst, dass dein Notendurchschnitt beeinflusst wird und deine Zukunft in eine andere Richtung geht. Lass das nicht zu!

TEIL 2

METHODEN FÜR DIE NOTE EINS IN ALLEN FÄCHERN

1. Meine Merkmethoden

Medizinstudenten müssen große Mengen an Informationen im Gedächtnis speichern. Ich habe das unter anderem dank meiner effektiven Merkmethoden geschafft. Ich habe aber nicht nur das Medizinstudium in Schweden geschafft, das fordernd genug ist – ich bin auch zertifizierter Arzt in den USA, wo die Ausbildung beinhart ist. Alles zusammengenommen habe ich neunzehn lange Jahre lang gelernt und studiert. Du kannst also sicher sein, dass meine Merkmethoden funktionieren.

_ Allgemeines über das Gedächtnis

Das Gedächtnis ist faszinierend. Während du diese Buchstaben hier liest, formst du im Gehirn Worte daraus und erinnerst dich an deren Bedeutung. Du erinnerst dich daran, wie deine Mama aussieht, und du weißt, wie dein Lieblingsgericht duftet, einfach nur dadurch, dass du daran denkst. Jahrhundertelang haben Wissenschaftler das menschliche Gedächtnis erforscht. Auch wenn es immer noch Fragezeichen gibt, haben wir heute ein ziemlich klares Bild davon, wie Erinnerung funktioniert und wie wir dazu beitragen können, sie zu verbessern.

Je mehr du über das Gedächtnis weißt, desto besser verstehst du, wie du es verbessern kannst. Wissenschaftlich ausgedrückt wird das Gedächtnis als »die Fähigkeit eines Menschen« definiert, »Informationen und Erfahrungen zu bewahren und sich ihrer zu erinnern«. Dein Gedächtnis ist ein kompliziertes System getrennter Mechanismen, die dazu beitragen, dass Erinnerung entsteht, aufbewahrt oder wiedergeweckt wird. Bei den allermeisten von uns funktionieren diese Prozesse ausgezeichnet und völlig automatisch. Aber genauso, wie wenn es darum geht, den Körper zu trainieren, können wir auch unser Gedächtnis trainieren.

_ Kurzzeitgedächtnis, Langzeitgedächtnis und Hippocampus

Wir Menschen haben unterschiedliche Typen von Gedächtnissen, wovon die zwei wichtigsten das Kurzzeit- und das Langzeitgedächtnis sind. Das Kurzzeitgedächtnis ist kurz. Es erlaubt dir, dich einige Sekunden oder Minuten lang an Dinge zu erinnern, ohne irgendwelche Wiederholungsansprüche. Die Kapazität des Kurzzeitgedächtnisses ist auch enorm begrenzt und lässt dich nur eine kleine Anzahl von Dingen gleichzeitig erinnern, für gewöhnlich zwischen fünf und neun Stück auf einmal.

Das Langzeitgedächtnis erlaubt dir, dich über längere Zeit hinweg an Informationen zu erinnern. Hier kannst du viel größere Mengen an Information auf unbegrenzte Zeit speichern. Dein Kurzzeit- und dein Langzeitgedächtnis befinden sich in verschiedenen Regionen deines Gehirns.

Der Hippocampus ist ein Bereich des Gehirns, der es dir ermöglicht, neue Informationen zu speichern. Der Hippocampus funktioniert gleichzeitig wie ein »Link« zwischen Kurzzeit- und Langzeitgedächtnis, speichert jedoch selbst keine Information. In Forschungsstudien hat man gesehen, dass Menschen, deren Gehirn in diesem Bereich geschädigt wurde, nicht imstande sind, neue Informationen im Langzeitgedächtnis abzulegen. Ohne einen funktionierenden Hippocampus kannst du dir also nichts Neues merken.

Der Hippocampus funktioniert, wie gesagt, wie ein Link zwischen Kurzzeit- und Langzeitgedächtnis. Er »führt« die Erinnerung vom Kurzzeitgedächtnis in das Langzeitgedächtnis »über«. Eine der primären Funktionen deines Schlafes ist genau die, diese »Überführung« von Information zu verbessern.

_ Du hast bereits ein gutes Gedächtnis!

Erinnerst du dich daran, was du gestern gemacht hast? Erinnerst du dich daran, wie ein Stift aussieht? Weißt du, wie dein bester Freund heißt? Gratuliere! Dein Gedächtnis funktioniert! Viele Schüler, die ich treffe, behaupten, sie hätten ein schlechtes Gedächtnis oder sie wären schlecht in Mathe oder Sprachen – und sie glauben wirklich, dass das so ist. Aber die allermeisten von ihnen täuschen sich! Das Gedächtnis funktioniert nämlich im Prinzip bei uns allen gleich. Der einzige Unterschied ist, dass manche sich bessere

Merktechniken angeeignet oder ihr Gedächtnis besser trainiert haben als andere.

Glaub deshalb nie, dass du schwerfälliger bist als jemand anderer oder dass es dir schwer fällt, Dinge zu lernen, so als ob das etwas wäre, was in deiner Persönlichkeit läge. Blockier dich niemals dadurch, dass du glaubst, du wärst schlechter in etwas. Der chinesische Philosoph Konfuzius hat einmal gesagt: »Der, der sagt, er kann, und der, der sagt, er kann nicht, haben für gewöhnlich beide recht!« Und genau so ist es! Redest du dir ein, dass etwas irgendwie ist, wird es meistens auch so werden. Wenn du glaubst, dass du nicht gut in Mathe bist, dann wirst du auch nicht gut in Mathe werden. Bist du selbst davon überzeugt, dass du ein schlechtes Gedächtnis hast, wirst du dich auch schlechter erinnern. Bist du aber überzeugt, dass du in etwas gut bist, dann wirst du das auch werden. Probier's selbst aus – ich versprech dir, es funktioniert!

_ Ein vielsagendes Beispiel

Ich hatte einen Schulkollegen auf dem Gymnasium, der immer behauptete, dass er gut bei Zahlen wäre. Er konnte sich mühelos Telefonnummern, Altersangaben, Jahreszahlen und andere Ziffern merken. Aber gleichzeitig behauptete er, er hätte ein schlechtes Gedächtnis, was Worte und anderes betraf. Er glaubte, er würde sich nie Faktentexte, Namen und Ereignisse merken können.

Eines Tages sagte ich zu ihm, dass das nicht sein könne. Ich hatte gelesen, dass es in der Neurophysiologie keinen Anhaltspunkt dafür gibt, dass sich eine Person super Zahlen merkt, aber gleichzeitig ein schlechtes Gedächtnis für alles andere hat. Der Knackpunkt war, dass sich mein Schulkollege seines Könnens sicher war, wenn es um Zahlen ging. Außerdem erwarteten alle anderen, dass er darin gut sein würde. Wenn dann eine Zahl auftauchte, hat er sich deshalb so konzentriert, dass sie einfach sofort hängenblieb. Er hatte also eine Art Druck sich selbst gegenüber. Umgekehrt verlor er die Konzentration, wenn es um andere Dinge ging. Er meinte ja, dass er sich diese ohnehin schlecht merken konnte und hatte dieses Bild auch allen anderen vermittelt.

Ich forderte ihn auf, genauso viel Konzentration und Energie darauf zu verwenden, sich einen Text zu merken, wie er es tat, wenn er sich Zahlen merken sollte. Außerdem brachte ich ihm einige meiner Lernmethoden bei. Nach nur zwei Wochen rief er mich an und erzählte mir, dass er zum ersten Mal eine Eins auf eine Geschichteprüfung bekommen hatte. Er war glücklich und verwundert darüber, dass meine Tipps funktioniert hatten. Gleichzeitig war er auch ein wenig traurig, dass er sich all die Jahre eingeredet hatte, sich alles außer Zahlen schlecht merken zu können.

_ Das Gedächtnis hat keine Grenzen

Wenn du dir eine Sache merken kannst, kannst du dir auch anderes merken – ganz egal, was. Das hast du im Beispiel mit meinem Schulkollegen gesehen, der glaubte, sich ausschließlich Zahlen merken zu können. Wenn du verstehst, wie man einen Computer einschaltet, kannst du die Relativitätstheorie verstehen. Wenn du dir merken kannst, wie alle deine Klassenkameraden heißen, kannst du dir auch vierzig Länder der Erde merken. Das Gedächtnis ist, soweit wir das heute wissen, unbegrenzt. Das bedeutet, dass wir es mit so viel füttern können, wie wir wollen.

„WE CREATE OUR OWN UNIVERSE!"

Die meisten von uns funktionieren gleich – es sind nur der Wille und das Selbstvertrauen, die uns Grenzen setzen. Deshalb kannst du im Prinzip überall dort gut sein, wo du dran glaubst, gut zu sein. Leider wirst du auch schlecht in Dingen sein, von denen du glaubst, dass du darin schlecht bist. »*We create our own universe!*« Hör deshalb ab sofort auf zu denken, du hättest ein schlechtes Gedächtnis, du wärst schlecht in Mathematik oder im Sport. Wenn du nicht erfolgreich bist in der Schule, hast du nur die falsche Lerntechnik, die falsche Merktechnik, zu wenig Kampfgeist oder Selbstvertrauen. All das kannst du ändern!

_ Verbessere dein Gedächtnis durch Gedächtnisübungen

Die Forschung zeigt eindeutig, dass wir uns mit effektiven Merktechniken Dinge besser merken können. Das Gedächtnis ist wie ein Muskel im Körper – wenn du es regelmäßig trainierst, wird es stärker. Aber genau wie beim körperlichen Training ist es wichtig, dass du richtig trainierst. Die Methoden, die nun folgen, sind effektiv und bauen auf erprobter Forschung auf.

1. Wiederholung

Stell dir vor, du sollst über ein Feld mit sehr hohem, dickem Gras gehen. Beim ersten Mal wird es mühsam und anstrengend sein, all das Gras niederzutreten. Es wird kräftezehrend sein, vorwärtszukommen. Es wird auch schwer sein, einen Weg zu finden – du siehst ja nicht so gut durch das hohe Gras. Aber schließlich erreichst du das Ziel und kannst aufatmen. Das nächste Mal, wenn du über das Feld gehst, wird es ein wenig leichter gehen. Du findest den Weg leichter, weil du einen Pfad zu ahnen beginnst. Teile des Grases sind bereits niedergedrückt, das Gehen kostet diesmal schon weniger Kraft. Gehst du ein drittes Mal über das Feld, wird es noch leichter. Jetzt findest du dich zurecht und kannst noch deutlicher sehen, wo du zuvor gegangen bist.

Ungefähr so ist es auch mit dem Gedächtnis. Beschäftigen wir uns wiederholt mit etwas, wird es im Langzeitgedächtnis gespeichert. Wenn du etwas zum ersten Mal liest, fällt es schwer, dir alles zu merken. Es ist ein kraftraubender Prozess, neue Dinge im Gedächtnis aufzunehmen. Aber mit jedem Mal Wiederholen wird es leichter fürs Gehirn, vorwärtszukommen und Erinnerung zu schaffen. Es bildet sich allmählich ein Pfad, ungefähr so, wie in dem Beispiel mit dem langen Gras.

Viele meiner Methoden bauen auf Wiederholung auf. Aber es ist wichtig, dass du ganz genau weißt, wie viel Zeit du zwischen den Wiederholungen brauchst. Wenn du in zu kurzen Intervallen wiederholst, verschwendest du nur Zeit, weil du dich noch zu gut erinnerst. Wiederholst du dagegen in zu langen Intervallen, hast du die Information bereits vergessen. Am besten prägst du dir etwas ein, wenn du den für dich perfekten Abstand zwischen den Wiederholungen findest. Versuche, dir etwas zu merken, und nimm es dir drei Tage später noch einmal vor. Hast du es da bereits vergessen, versuchst du es anders und schaust, ob du dich nach zwei Tagen besser daran erinnern kannst. Auf diese Weise findest du deine für dich optimalen Zeitintervalle heraus.

2. Assoziation

Dein Gedächtnis funktioniert am besten, wenn du assoziierst. Das hast du sicher schon erlebt. Sich die Zahl 29035 zu merken kann schwer sein, wenn du hundert andere Zahlen gleichzeitig lernen musst. Aber wenn ich sage, dass 29035 die Höhe des höchsten Berges der Welt (des Mount Everest) in »Fuß« ist (amerikanisches Maß), dann hast du die Zahl gerade mit dem Mount Everest verknüpft. Du hast die Zahl also mit etwas assoziiert.

Es kann schwer sein, sich eine neue Telefonnummer zu merken, zum Beispiel 29035090524, weil es sich dabei einfach um eine Reihe von Ziffern handelt, die keinen Bezug zu etwas anderem hat. Wenn du die Ziffern dagegen mit etwas assoziierst, kannst du sie dir leichter merken. Ich könnte 29035 mit dem Mount Everest assoziieren und danach 0905 mit dem Monat und dem Tag, an dem ich geboren bin, und 24 mit dem Alter meines besten Kumpels. Damit habe ich also diese elf Ziffern mit diversen Dingen assoziiert, die es mir leichter machen, mich zu erinnern. Habe ich die Zahl vergessen, denke ich einfach:

- Wie hoch ist der Mount Everest in Fuß?
- In welchem Monat und an welchem Tag bin ich geboren?
- Wie alt ist mein bester Freund?

Benütze also deine Phantasie und assoziiere Dinge, ganz egal womit. Je schräger und lustiger, desto besser!

3. Chunking

In meine Beschreibung des Assoziierens ist noch eine andere Methode mit eingeflossen, die man »Chunking« nennt. Dabei teilst du etwas in mehrere zusammengesetzte Zahlen oder Worte auf. Du erinnerst dich zum Beispiel an kleinere Gruppen von Ziffern besser, als an alle auf einmal. Vergleiche

2903 5090 524 mit 29035090524. Was kann man leichter lernen? Diese Methode ist viel effektiver, als sich einfach nur eine lange Reihe von Ziffern zu merken, da du die Zahl in sinnvolle Gruppen teilst (chunkst).

4. Assoziiere Figuren oder Sätze mit Bildern

Du kannst dir Dinge besser merken, wenn du sie visualisierst. Wenn du eine Person mit einem Auto assoziieren willst, assoziiere nicht nur, dass der Mann in einem Auto fährt – da gibt es zu wenige Details, was dazu führt, dass du es leicht vergisst. Assoziiere stattdessen Michael Schumacher in einem Ferrari, der zehn Minuten nach Rennbeginn, kollidiert. Das Auto explodiert, Schumacher wird ins Krankenhaus gebracht und akut operiert, eine Niere wird transplantiert. Die zweite Assoziation ist viel aufwühlender, provokativ und brutal – und daher bleibt sie dir leichter im Gedächtnis. Versuch also, auf so schockierende und gefühlsbeladene Assoziationen zu kommen, wie du nur kannst.

5. Merkkarten

Merkkarten sind unheimlich effektiv. Also Karten, bei denen auf der einen Seite eine Frage steht und auf der Rückseite die Antwort. Du nimmst eine Karte auf, liest die Frage und versuchst, sie zu beantworten. Danach drehst du die Karte um und überprüfst, ob du richtig geantwortet hast. War die Antwort richtig, legst du die Karte nach rechts und überprüfst das ein paar Tage später noch einmal. War die Antwort falsch, legst du die Karte nach links und übst am selben Tag noch einmal. Auf diese Weise assoziierst du eine Frage mit einer Antwort und merkst sie dir leichter. Darüber hinaus wiederholst du jene Fragen, die du nicht kannst, gleich noch einmal.

6. Deine Atmung

Neue Forschungen haben gezeigt, dass dein Gedächtnis durch die Art und Weise, wie du atmest, beeinflusst wird. Wenn du dich hinsetzt um zu pauken, solltest du beginnen, langsamer und tiefer zu atmen. Eine tiefere und langsamere Atmung ruft spezifische elektrische Impulswellen im Gehirn hervor. Solche elektrischen Impulswellen helfen bei der Bearbeitung von Gedächtnisinhalten mit. Atme in den Bauch, tief und langsam. Nach ein paar Minuten wirst du ruhiger und offener für neue Information sein.

7. Fokus

Am meisten merkt man sich, wenn man völlig fokussiert ist. Es dauert etwa acht Sekunden intensiven Fokussiertseins, um etwas im Gedächtnis zu speichern. Wenn du leicht abzulenken bist, such dir einen ruhigen Platz ohne Ablenkung. Schalte das Handy ab und versuche, die maximale Konzentration zu halten. Das ist vielleicht am Anfang schwer, aber es ist eine Trainingssache, die du definitiv bewältigst und in der du besser werden wirst. Sobald du den Fokus verlierst, lenkst du den Blick zurück, atmest einmal tief durch und beginnst von neuem, dich zu konzentrieren.

8. Bezieh alle Sinne mit ein

Bezieh so viele Sinne mit ein wie möglich, wenn du dir Sachen merken sollst. Versuche, die Information mit Farben, Text, Formen, Gefühlen, Geschmacksempfindungen, Tönen oder Gerüchen zu verbinden. Lies den Text, den du dir merken sollst, laut. Dann beziehst du auch den Hörsinn mit ein. Je mehr Sinne mit einbezogen sind, desto besser die Erinnerung.

9. Verstehen

Manche Dinge sind komplexer und daher schwerer zu merken. Wenn du lernst, wie die DNA-Replikation in unseren Zellen funktioniert, sollst du nicht die gesamte Information im Detail auswendig lernen! Du sollst stattdessen verstehen, was die DNA-Replikation bedeutet. Achte darauf, dass du alle einzelnen Schritte, Reaktionen und Prozesse verstehst, inklusive ihrer Beziehung zueinander.

10. Merk dir Worte mit Hilfe eines Akronyms

Verwende ein Akronym → Denk dir ein Wort, bei dem jeder Buchstabe zugleich der Anfangsbuchstabe eines jener

Begriffe ist, die du dir merken sollst. Versuch, dir so kuriose und alberne Wörter wie möglich auszudenken. Aber du solltest die Bedeutung des Wortes kennen, sonst funktioniert es nicht. Wenn du dir zum Beispiel die Namen der »Great Lakes«, der fünf großen Seen Nordamerikas, merken sollst, kannst du das so machen:

HOMES → **H**uron, **O**ntario, **M**ichigan, **E**rie, **S**uperior

11. Sich mehrere Worte oder Sätze mit Hilfe eines Akrostichons merken

Verwende ein Akrostichon → Erfinde einen Satz, in dem die Anfangsbuchstaben der einzelnen Wörter nacheinander zugleich die Anfangsbuchstaben jener Begriffe bilden, die du dir merken sollst. Der Satz kann in jeder beliebigen Sprache sein, ganz wie du willst. Versuche, es so lustig, seltsam, eklig oder albern wie möglich zu machen, damit du dir den Satz merkst. Als ich den Anatomiekurs im Medizinstudium besuchte, sollten wir alle zwölf Hirnnerven lernen. Dafür verwendete ich folgendes Akrostichon:

»**O**, **O**h, **O**h, **T**o **T**ouch **A**nd **F**eel, **V**ery **G**ood **V**ibes, **A**ah **H**aa«

Nervus **O**pticus
Nervus **O**lfactorius
Nervus **O**culomotorius
Nervus **T**rochlearis

Nervus **T**rigeminus
Nervus **A**bducens
Nervus **F**acialis
Nervus **V**estibulocochlearis
Nervus **G**lossopharyngeus
Nervus **V**agus
Nervus **A**ccessorius
Nervus **H**ypoglossus

Wir sollten auch lernen, dass jeder dieser Nerven eine motorische oder sensorische Funktion hat oder beides. Dafür verwendete ich folgendes Akrostichon:

»**S**ome **S**ay **M**oney **M**atters, **B**ut **M**y **B**rother **S**ays **B**ig **B**oobs **M**atter **M**ore«

Nervus **O**pticus – **S**ensorisch
Nervus **O**lfactorius – **S**ensorisch
Nervus **O**culomotorius – **M**otorisch
Nervus **T**rochlearis – **M**otorisch
Nervus **T**rigeminus – **B**eides
Nervus **A**bducens – **M**otorisch
Nervus **F**acialis – **B**eides
Nervus **V**estibulocochlearis – **S**ensorisch
Nervus **G**lossopharyngeus – **B**eides
Nervus **V**agus – **B**eides
Nervus **A**ccessorius – **M**otorisch
Nervus **H**ypoglossus – **M**otorisch

Auf diese Weise können dir verschiedene Akrostichen helfen, dir Worte oder längere Sätze zu merken.

12. Merk dir Namen mit Hilfe einer Bildassoziation

Assoziiere einen Namen mit einem Bild, das du dir innerlich ausmalst. Das können so komische Bilder wie nur möglich sein – je komischer, unheimlicher oder farbenprächtiger, desto besser. Wenn ich zu den »Great Lakes« zurückkehre, male ich mir zum Beispiel aus, dass die großen Wasserflächen in der Sommersonne glitzern, während ich faul und träge in Badehosen auf dem warmen Holz eines Steges liege, an einem Grashalm kauend hinauf zu den Häusern (Homes) am Ufer blinzle, unter denen sich auch mein Zuhause befindet.

13. Organisiere alles, was du dir merken sollst

Versuche, alles was du dir merken sollst, zu organisieren. Du erinnerst dich besser, wenn du Worte, Phrasen, Sätze oder Inhalte kategorisierst. Fasse das, was du kategorisieren sollst, auf einem Blatt Papier zusammen – organisiert, gruppiert und strukturiert, mit ähnlichem Inhalt an derselben Stelle.

14. Schaff dir ein Gefühl

Warum glaubst du, erinnern wir Menschen uns stets detailgenau an schreckliche Ereignisse? Unserer Evolution nach sind wir dafür geschaffen, uns an schreckliche Dinge zu erinnern, damit wir sie in Zukunft vermeiden können. Deshalb wissen Opfer von einem Raubüberfall oder einer Vergewaltigung manchmal noch Jahre nach dem Vorfall, wie der Täter gerochen hat, wie er geklungen hat oder was für eine Farbe seine Nägel hatten. Wenn etwas furchtbar schwer zu merken ist, kannst du dir diese Fähigkeit für einen positiven Zweck zunutze machen, indem du dem Gehirn ein intensives Gefühl verschaffst während du dir eine bestimmte Information einprägst. Kneif dich zum Beispiel in den Arm, während du gleichzeitig das Wort oder den Satz schreist, den du dir merken sollst. Auf diese Weise wird dein Gehirn das Wort mit dem Schmerz und dem Schrei assoziieren und sich daran erinnern.

15. Streng dich an

Du merkst dir Dinge besser, wenn du dich anstrengen musst. Es wurde eine interessante Forschungsstudie gemacht. Versuchspersonen sollten Worte lesen, deren Buchstaben ungeordnet waren, zum Beispiel KLÜHSCHARNK (leicht) und KMTAPFTWE (schwer). Sie konnten sich viel besser an die schwierigeren Wörter erinnern als an die leichteren, weil sie sich anstrengen und eine größere Hirnaktivität schaffen mussten, um die schwierigeren Wörter zu lösen. (Antwort: KÜHLSCHRANK und WETTKAMPF)

_ Verbessere dein Gedächtnis durch einen veränderten Lebensstil

Du kannst auch viel bewirken, wenn du deine Lebensgewohnheiten ein wenig änderst. Dein Gedächtnis kann durch Gehirntraining, körperliche Aktivität, gute Schlafgewohnheiten, Stressmanagement und andere Veränderungen deines Alltags entscheidend verbessert werden.

1. Fordere dein Gehirn

Forderst du dein Gehirn regelmäßig, wird es veranlasst zu wachsen und neue Nervenverbindungen zu bilden, die dein Gedächtnis verbessern können. Lernst du etwas Neues, wie ein Instrument oder eine neue Sprache oder forderst das Gehirn mit Spielen, Büchern, Kreuzworträtseln, Puzzles oder Sudokus heraus, hältst du dein Gehirn aktiv und verbesserst seine physiologische Funktion. Auf die gleiche Art, wie Bewegung die Funktion deines Körpers verbessert.

2. Treib regelmäßig Sport

Darüber habe ich schon an mehreren Stellen in diesem Buch geschrieben. Bewegung und körperliche Aktivität haben enorm positive Effekte für deinen Körper und sind ein Muss! Bewegung erhöht die Blutzirkulation in deinem Gehirn und verbessert Gedächtnis und Konzentration. Außerdem wirst du entspannter, was wiederum die Lernfähigkeit verbessert.

3. Vermindere deinen Stress

Es hat sich gezeigt, dass mäßiger Stress dein Gedächtnis positiv beeinflusst. Auf der anderen Seite wirkt sich chronischer Stress, das heißt, wenn du über lange Zeit hinweg stark gestresst bist, enorm negativ aus. Das gilt sowohl für den Körper als auch für das Gedächtnis. Eine erhöhte Menge an Stresshormon über einen längeren Zeitraum schädigt den Hippocampus (den Bereich, der Inhalte vom Kurzzeit- ins Langzeitgedächtnis »überführt«). Du kannst nie völlig ohne Stress sein. Das ist nicht realistisch. Speziell nicht, wenn du in die Schule gehst und einen vollen Stundenplan hast. Aber du kannst den Stress über Bewegung, Entspannungsübungen (siehe Kapitel *Wenn's eng wird*) und guten Schlaf unter Kontrolle halten. Fühlst du dich stark gestresst, kannst du die Schulärztin oder einen Arzt aufsuchen.

4. Sieh weniger fern

Ich weiß, dass es schön ist, einfach nur auf dem Sofa zu liegen und fernzusehen, speziell, wenn du müde bist. Aber Forschungen haben gezeigt, dass Fernsehen deinem Körper unnötig Energie entzieht, ohne dein Gehirn positiv zu stimulieren. Viele glauben, dass sich ihr Gehirn »ausruht«, wenn sie fernsehen. Das stimmt nicht. Gedächtnisinhalte zu schaffen, ist ein energieraubender Prozess, und viel fernzusehen kann dein Gedächtnis negativ beeinflussen, weil du dabei nicht ausreichend auftanken kannst. Wenn du spürst, dass du dich ausrasten und entspannen musst, solltest du daher lieber ein Buch lesen, Musik hören oder dich mit jemandem unterhalten. All das stimuliert dein Gehirn, während du dich gleichzeitig entspannen und wieder neue Energie tanken kannst.

5. Iss richtig und gesund

Mehrere Studien zeigen, dass richtige Kost zur Gesunderhaltung des Gehirns beiträgt. Lebensmittel, die viele Antioxidantien enthalten, wie Spinat, Heidelbeeren, Broccoli, grüner Tee, Nüsse, Samen oder Grünkohl, und Lebensmittel mit einem hohen Anteil an Omega-3-Fettsäuren (beispielsweise Fisch) fördern die Hirngesundheit.

Lebensmittel mit niedrigem GI halten auch deinen Blutzuckerspiegel stabil, was bewirkt, dass du auch ein gleichbleibend hohes Konzentrationsniveau halten kannst und nicht hin und her pendelst.

Forscher haben auch herausgefunden, dass das Gedächtnis besser funktioniert, wenn man statt drei größerer, fünf bis sechs kleinere Mahlzeiten pro Tag zu sich nimmt. Damit begrenzt du den Blutzuckerabfall, der das Gehirn negativ beeinflussen kann.

Wenn du selbst weißt, dass deine Kost nicht optimal ist, kannst du probieren, zusätzlich Vitamine und Mineralstoffe einzunehmen, um wenigstens den Tagesbedarf an Vitaminen und Mineralstoffen zu decken.

6. Schlaf gut!

Schlaf ist extrem wichtig für dein Gedächtnis. Eine der Eigenschaften von Schlaf ist es, die Überführung von Gedächtnisinhalten vom Kurzzeit- ins Langzeitgedächtnis zu verbessern. Heute weiß man aus der Forschung, dass das Gedächtnis von Schlafmangel äußerst negativ beeinflusst wird. Sieh daher zu, ordentlich zu schlafen, am besten zirka sieben bis acht Stunden pro Nacht und absolut nicht unter sechs Stunden.

7. Übe dich im Merken

Übung macht den Meister, und genauso ist es mit dem Merken. Beginne damit, aufmerksamer auf Dinge zu achten, und versuche, sie dir zu merken. Versuche dir, wenn du im Bus sitzt, Werbeplakate oder etwas anderes, was du siehst, zu merken. Wenn du in eine Zeitung siehst, versuch dir Worte oder etwas anderes daraus zu merken. Je mehr du übst, desto besser wirst du und desto besser weißt du, wie du dir Dinge am besten merkst.

8. Hab Spaß!

Du hast sicher schon einmal das Sprichwort: »Lachen verlängert das Leben« gehört. Wenn du Spaß hast, ist das nicht nur gut für deinen Körper – lachen aktiviert auch viele Bereiche deines Gehirns, die das Gedächtnis verbessern. Mehrere Studien haben gezeigt, dass Menschen, die Spaß haben in ihrem Leben und viel lachen, ein besseres Denkvermögen haben und ein geringeres Risiko für negative Einflüsse auf das Gedächtnis. Sieh daher zu, mit deinen Freunden zusammen zu sein und lustige Dinge zu machen, wenn du Zeit dafür hast. Wir Menschen sind von Natur aus gesellig. Wir werden krank, wenn wir uns zu stark isolieren. Versuch deshalb, Spaß zu haben während du mit dem Lernen kämpfst. Du schaffst beides, ich versprech's dir!

Zusammenfassung

Meine Merkmethoden

- Erinnerungen werden im Kurzzeitgedächtnis und im Langzeitgedächtnis gebildet.
- Dein Gedächtnis besteht aus komplexen Prozessen in deinem Gehirn. Die Forschung weiß heute, dass man die Gedächtniskapazität durch Training verbessern kann.
- Glaub nie, dass du ein schlechtes Gedächtnis hast. Von jetzt an glaubst du daran, dass du ein gutes Gedächtnis hast und dass du in allen Bereichen gut sein kannst.
- Dein Lebensstil ist wichtig für dein Gedächtnis. Beweg dich, iss richtig, schlafe ausreichend, mach Dinge, die das Gehirn aktivieren.
- Zu viel Stress verschlechtert die Gedächtnisleistung. Mach Entspannungsübungen oder Sport, wenn du dich gestresst fühlst.
- Lachen verlängert das Leben! Die Forschung hat gezeigt, dass Menschen, die viel lachen und Spaß haben, ein besseres Denkvermögen besitzen.
- Übe meine Merkmethoden und wende sie an.

2. Meine Lernmethoden

Um überall eine Eins zu bekommen, musst du unter anderem die richtige Einstellung haben und bereit sein, hart zu arbeiten. Aber es ist auch ganz wichtig, dass du die richtige Lerntechnik hast. Die Lernmethoden, die ich dir hier zeige, werden ein effektives Werkzeug sein. Folge meinen Methoden genau wie sie beschrieben sind. Überspringe keine Schritte, sondern mach alles genau in der richtigen Reihenfolge. Oft kannst du Methoden auch kombinieren oder mehrere im selben Fach anwenden.

_ Wiederholung ist die Mutter allen Wissens

Alle meine Lernmethoden basieren auf Wiederholung. Damit sich im Gehirn Erinnerung bilden kann, musst du dasselbe viele Male lernen. Eine Eins zu bekommen bedeutet, dass du den Inhalt des Faches zum allergrößten Teil, meist zu über achtzig bis neunzig Prozent, beherrscht. Aber es reicht nicht, sich nur alles zu merken, du musst verstehen, Schlüsse ziehen und Zusammenhänge sehen. Mit Hilfe meiner Methoden wirst du Fakten lernen und gleichzeitig ein tieferes Verständnis bekommen. Aber es ist wichtig, dass du lernst, richtig zu wiederholen, angepasst an jede Aufgabenstellung.

_ Finde heraus, was »schwer« ist

Vor jeder Prüfung und jeder anderen Form der Leistungsfeststellung solltest du ganz genau herausfinden, wie viele Seiten, Kapitel, Rechenbeispiele, Aufgaben oder anderes zur Prüfung oder schriftlichen Arbeit kommen werden. Frag den Lehrer ruhig, was wichtig ist. Frag ihn auch, welche Aufgaben du seiner Meinung nach machen sollst, um Qualität zu beweisen oder ob dafür irgendwelche speziellen Fertigkeiten verlangt werden. Aber denk dran, dass ein Schüler auch selbst beurteilen können sollte, was wichtig ist. Geh das, was ihr im Unterricht besprochen habt, noch einmal durch, versuche, jene Teile wiederzufinden, die der Lehrer als zentral beschrieben hat, und lies besonders viel rund um diese Themen.

Hast du herausgefunden, was du können sollst, musst du es dir nur noch beibringen. Wie du das machst, erfährst du jetzt!

_ Die Methode für das Lösen von Aufgaben

Die Aufgaben-Methode solltest du in jenen Fächern anwenden, in denen du Rechenbeispiele und Aufgaben lösen musst. Also in Mathematik, Physik und Chemie, aber auch in anderen Fächern, in denen du es bei deiner Arbeit mit Fragen und Antworten zu tun hast.

Lernst du für diese Fächer, ist es wichtig, dass du die Theorie hinter den Aufgaben verstehst. Gelingt dir das, wirst du alle Beispiele und Fragen im Buch lösen und beantworten können. Der Lehrer geht üblicherweise die Regeln, die hinter den Formeln und Theorien stehen, an der Tafel durch, sonst steht das auch sehr gut erklärt im Buch.

_ Die Aufgaben-Methode Schritt für Schritt

SCHRITT 1 *Finde ganz genau heraus, was prüfungsrelevant ist: die Anzahl der Kapitel, die Anzahl der Seiten, Aufgaben etc.*

SCHRITT 2 *Mach dir einen Plan, nach dem du es zeitlich schaffst, mindestens dreimal alle Seiten zu lesen beziehungsweise alle Beispiele zu machen.*

SCHRITT 3 *Lies dir die Erklärungen vor jedem Kapitel im Buch durch und sieh zu, dass du sie verstehst. Der Schlüssel zum Lösen von Mathe-, Physik- oder Chemieaufgaben, ist Verständnis.*

SCHRITT 4 *Löse alle Beispiele im ersten Kapitel, das zur Prüfung kommen soll. Schreib alle Lösungen ordentlich in dein Heft. Dort kannst du beim Wiederholen nachsehen, wie du es gemacht hast. Löse alle Beispiele, sowohl leichte als auch mittelschwere und schwere.*

SCHRITT 5 *Markiere die Beispiele, die du nicht kannst. Hol dir Hilfe, wenn du sie nicht selbst schaffst. Schreib dir auf, wie du sie gemacht hast.*

SCHRITT 6 *Geh die markierten Beispiele noch einmal durch, wenn du die Lösung weißt.*

SCHRITT 7 *Wenn du mit dem ersten Kapitel fertig bist, beginnst du mit dem nächsten Kapitel und liest dir die Erklärungen aus dem Buch zu allen neuen Beispielen, die auftauchen, durch.*

SCHRITT 8 *Lös nun alle Beispiele aus dem zweiten Kapitel.*

SCHRITT 9 *Markiere die Beispiele, die du nicht kannst, und bitte um Hilfe, wenn du nicht selbst herausbekommst, wie sie zu lösen sind. Schreib dir auf, wie du sie gemacht hast.*

SCHRITT 10 *Geh die markierten Beispiele noch einmal durch, wenn du weißt, wie sie gelöst werden sollen.*

SCHRITT 11 *Lös den Rest der Kapitel auf dieselbe Weise wie das erste und zweite Kapitel.*

SCHRITT 12 *Wenn du fertig bist mit den Beispielen für die Prüfung, beginnst du wieder von vorn. Wiederhole Schritt 3 bis 6 so oft wie nötig.*

SCHRITT 13 *Wenn du mit deinen Wiederholungen fertig bist, solltest du ähnliche Beispiele aus einem anderen Buch oder einer anderen Quelle lösen, die dieselben Kapitel/Aufgaben/Prinzipien enthält. Ein bis zwei Tage vor der Prüfung gehst du alle Kapitel noch einmal schnell kritisch durch und checkst, ob du weißt, wie du mit jedem einzelnen Beispiel zurechtkommst.*

_ Mehr über die Aufgaben-Methode

Deine Lehrer wählen nach dem Zufallsprinzip Prüfungsaufgaben aus den Kapiteln, die ihr erarbeitet habt. Die Prüfung wird daher Beispiele und Aufgaben der durchgenommenen Kapitel beinhalten. Das bedeutet, dass du exakt dieselben Regeln und Formeln bei der Prüfung anwenden wirst können, die du schon beim Lernen daheim aus dem Buch angewendet hast. Wenn dort beispielsweise steht, dass Kalle und Lisa Äpfel um zwei Euro dreißig kaufen, dann wird bei deiner Prüfung vielleicht stehen, dass Pelle und Eva Orangen um drei Euro zwanzig kaufen. Es gibt also keine »anderen Beispiele«, die dein Lehrer zur Prüfung mitbringen kann, deine Prüfung soll ja dein Können aus den Kapiteln ausweisen, die ihr gemacht habt. Kannst du alle Beispiele in den Kapiteln lösen, kannst du also mit großer Wahrscheinlichkeit auch alle Prüfungsbeispiele lösen.

Das Problem wird hier nicht sein, die Prüfung zu schaffen, sondern es zeitlich zu schaffen, alle Aufgaben aus dem Buch so oft wie nötig zu lösen. Wenn du alle Beispiele aus dem Buch mehrere Male löst und das Prinzip dahinter verstanden hast, wirst du also auch kein Problem haben, eine Eins auf die Prüfung zu bekommen. Denk daran, dass es individuell unterschiedlich ist, wie oft du wiederholen musst.

DENK DARAN, DASS ES INDIVIDUELL
VERSCHIEDEN IST, WIE OFT DU
WIEDERHOLEN MUSST!

Wenn du Probleme damit hast, die schweren Beispiele zu lösen, bitte deinen Lehrer, einen Elternteil, eines deiner Geschwister oder einen Freund um Hilfe. Es gibt meistens auch Lernhilfe außerhalb der Schule, an die man sich wenden kann. Was auch immer du tust, du solltest darauf achten, wirklich alle Beispiele lösen zu können.

Alle Beispiele aus einem Buch mehrmals zu lösen und den Inhalt zu verstehen, braucht Zeit. Teil dir also deine Zeit entsprechend ein, wie ich es dir in meinem Kapitel *Planen und Prioritäten setzen* gezeigt habe.

_ Die Methode für das Erlernen von Fakten

Die Fakten-Methode passt für die meisten Fächer im Gymnasium. Aber sie ist insbesondere gut für Fächer, in denen du viel Text zu lernen hast. Das können Prüfungen oder Tests aus Geografie oder Geschichte sein, aus Biologie, Psychologie, Religion oder was auch immer. In Geschichte hast du vielleicht 50 Seiten über das Mittelalter zu lernen. In Biologie ist es vielleicht die Evolutionslehre, für die du 40 Seiten lernen sollst. Für eine Eins, musst du alles können, was auf den betreffenden Seiten steht.

Die Fakten-Methode baut auf demselben Grundprinzip auf wie alle meine Methoden – auf Wiederholung. Liest du einen Text erstmals, wirst du dir normalerweise noch nicht so viel merken. Beim ersten Durchlesen bekommst du auch für gewöhnlich noch kein tieferes Verständnis für das Gelesene.

Auch beim zweiten Durchlesen kann es noch knifflig sein, mitzukommen. Aber je öfter du den Text liest, desto einfacher wird es, mitzukommen. Du bekommst ein immer größeres Verständnis für den Inhalt und du wirst dir mehr und mehr merken.

DIE FAKTEN-METHODE BAUT AUF DEMSELBEN GRUNDPRINZIP AUF WIE ALLE MEINE METHODEN – AUF WIEDERHOLUNG

_ Die Fakten-Methode Schritt für Schritt

SCHRITT 1 *Finde zuerst heraus, wie viele Seiten zur Prüfung kommen.*

SCHRITT 2 *Plane, wie viele Seiten du täglich lesen musst, wenn du alles zusammen mindestens fünf- bis sechsmal liest, dir den Text zusätzlich zwei- bis dreimal selbst erzählst und zum Abschluss den gesamten Inhalt mindestens noch einmal ganz durchliest*

SCHRITT 3 *Lies den gesamten Text das erste Mal durch.*

SCHRITT 4 *Lies den Text ein zweites Mal durch.*

SCHRITT 5 *Lies den Text ein drittes Mal. Unterstreiche, was besonders wichtig ist. Details, die man sich merken muss, und Dinge, die schwer zu verstehen oder zu merken sind.*

SCHRITT 6 *Nun liest du dir den gesamten Text ein viertes Mal durch. Bei jeder Wiederholung versuchst du, den Text besser und besser zu verstehen und dir mehr zu merken.*

SCHRITT 7 *Geh die von dir unterstrichenen Textteile durch und sieh zu, dass du sie dir merkst.*

SCHRITT 8 *Hast du alles ein fünftes Mal fertig gelesen, gehst du zurück zu den von dir unterstrichenen Textteilen und siehst zu, dass du sie ordentlich kannst.*

SCHRITT 9 *Lies jetzt die Überschriften oder die Anfänge der einzelnen Absätze. Lies aber nicht weiter, sondern erzähl dir, was im Text steht. Überprüfe, was du dir gemerkt hast.*

SCHRITT 10 *Lies dir den Inhalt jedes Absatzes/Abschnitts durch und sieh dir an, was du vergessen hast und was du dir tatsächlich gemerkt hast.*

SCHRITT 11 *Lies den Text noch einmal durch und versuche, nach jedem Absatz eigene Schlüsse zu ziehen, sodass sich dein Verständnis für den Inhalt steigert.*

SCHRITT 12 *Lies den Text ein letztes Mal zur Gesamtwiederholung.*

SCHRITT 13 *Direkt vor der Prüfung liest du dir alle unterstrichenen Textpassagen noch ein letztes Mal durch und siehst zu, dass du alles kannst.*

_ Mehr über die Fakten-Methode

Hast du vor einer Prüfung zu viele Seiten und schaffst es zeitlich nicht, bei jeder Wiederholung alle Seiten zu lesen, teilst du dir sie auf zwei oder drei Tage auf. Sieh in diesem Fall zu, dass du früher mit deinen Vorbereitungen beginnst, damit du alle Schritte der Fakten-Methode zeitlich schaffst.

Jedes Mal, wenn du den Text durchliest, wird dein Gehirn mehr und mehr aufnehmen und die Erinnerung an das, was es schon gespeichert hat, wird verstärkt. Nach einer Anzahl von Lesedurchgängen wirst du eine gewisse Ahnung davon haben, worum es geht. Wenn du es später so oft durchgelesen hast, dass sich die Dinge merklich zu verfestigen beginnen, solltest du anfangen, dir den Text selbst zu erklären. Teste dich selbst und sieh dir an, ob es wirklich funktioniert. Bist du bei Schritt 7 angekommen, werden sich dein Verständnis und deine Fähigkeit, den Stoff zu diskutieren, entscheidend verbessert haben. Schritt 9, also wenn du dir den Inhalt selbst erzählst, kannst du ein paar Mal wiederholen, abhängig davon, wie gut du den Text bereits beherrschst.

_ Die Methode für das Verfassen schriftlicher Arbeiten

Schriftliche Arbeiten sind oft ein wesentlicher Teil der Leistungsfeststellung. Du brauchst eine Methode, um richtig gute Arbeiten und Aufsätze zu schreiben.

Die Abgabe-Arbeiten-Methode baut darauf auf, dass du das, worüber du schreiben sollst, kannst und verstanden hast. Stets bekommst du vor jeder Arbeit ein Thema oder einen bestimmten Stoff, über den du schreiben sollst. Es kann zum Beispiel sein, dass du über die Filmkultur der 1940er Jahre schreiben sollst oder über die Konstruktion und Funktion von Autos.

DIE ABGABE-ARBEITEN-METHODE BAUT DARAUF AUF, DASS DU DAS, WORÜBER DU SCHREIBEN SOLLST, KANNST UND VERSTANDEN HAST

_ Die Abgabe-Arbeiten-Methode Schritt für Schritt

SCHRITT 1 *Finde heraus, worüber du schreiben sollst. Hör genau zu, was der Lehrer fordert. Meist will dein Lehrer, dass du eine Arbeit über etwas sehr Spezifisches machst. Hör deshalb bei den Anweisungen wirklich gut zu und lies, falls du entsprechende Vorgaben auf einem Zettel bekommst, diesen wirklich genau.*

SCHRITT 2 *Sammle Information zum Thema in Büchern, in deinen Schulunterlagen, im Internet, über Filme etc. Sollst du beispielsweise über William Shakespeare schreiben, finde heraus, was er gemacht hat, wer er war und warum er heute noch wichtig ist. Du solltest bei diesem Schritt aber noch nicht mit dem Schreiben beginnen.*

SCHRITT 3 *Bearbeite die Information. Prüfe deine Quellen kritisch, entscheide, was wichtig ist und was du in deine Arbeit hineinnehmen willst. Das kannst du machen, indem du Seiten markierst, in einem Text unterstreichst und Internet-Seiten am Computer speicherst.*

SCHRITT 4 *Mach dir einen Plan für deine Arbeit: Welchen Schwerpunkt setzt du? Was kommt zuerst? Was zuletzt? Welche Informationen verwendest du, und wie gliederst du deine Arbeit in Abschnitte? Wie baust du die*

Information in die geplanten Abschnitte ein? Was steht wo? Verwendest du auch Bilder? Frag dich immer, warum du etwas auswählst. Hast du keine gute Antwort darauf, solltest du es nicht in die Arbeit hineinnehmen. Dein Inhalt muss immer einen Zweck haben. Denk kritisch!

SCHRITT 5 *Schreib deine Arbeit. Nimm dir die von dir bearbeitete Information vor und schreib den Text ausgehend von deinem Plan und nach den Anweisungen des Lehrers. Schreib ernsthaft und Interesse weckend. Rechtschreib- und Grammatikfehler erschweren das Lesen und verschlechtern deine Note. Schreib in deinen eigenen Worten. Ein wenig Humor ist nie verkehrt, aber denk dran, dass es dazu passen und nicht übertrieben sein sollte.*

SCHRITT 6 *Diskutiere dein Thema, reflektiere es und ziehe Schlüsse. Das ist der Punkt, an dem sich die Noten der Schüler scheiden. Bring deinen Stoff mit anderen Dingen in Verbindung, die ähnlich sind. Frag dich, ob es Unterschiede zu oder Ähnlichkeiten mit anderen Phänomenen gibt. Überlege, so es welche gibt, wie diese aussehen könnten. Gibt es etwas Positives oder Negatives im Zusammenhang mit dem, worüber du geschrieben hast? Warum ist das positiv oder negativ? Wie beeinflusst das uns Menschen, die Gesellschaft, die Zukunft? Was für Ansichten hast du selbst dazu? Hast du Ideen, was in Zukunft besser gemacht werden kann? Auf welche Weise decken sich deine Ansichten mit denen anderer und worin unterscheiden sie sich davon?*

SCHRITT 7 *Lies deine Arbeit mindestens dreimal durch. Es gibt immer Dinge, die man vergisst. Sei kritisch deinem eigenen Text gegenüber. Ist er gut geschrieben? Hast du an alle Teile gedacht, die obligatorisch sind? Soll noch etwas dazu oder weg? Gibt es Wörter oder Sätze, bei deren Schreibweise oder Grammatik du dir nicht sicher bist? Hast du eine Frage interessant erörtert und eine Schlussfolgerung geschrieben?*

SCHRITT 8 *Bitte jemanden, deine Arbeit zu lesen. Das können Geschwister, deine Eltern oder ein Freund sein. Vermeide es aber, einen deiner Klassenkameraden zu bitten, außer, ihr schreibt die Arbeit zusammen. Bitte den, der es liest, kritisch zu sein und dir Änderungs- und Verbesserungstipps zu geben.*

SCHRITT 9 *Lies deine Arbeit ein letztes Mal durch und sieh zu, dass du mit dem, was du geschrieben hast, auch zufrieden bist.*

_ Mehr über die Abgabe-Arbeiten-Methode

Etwas rund um ein Thema nur ein wenig umzuformulieren bringt meist nicht mehr als eine Vier oder eine Drei in der Beurteilung. Für eine Eins gilt es, eine gute Schlussfolgerung zu schreiben und ein Thema zu erörtern. Da musst du dich so gut mit dem Thema auskennen, dass du selbst sinnvolle Gedanken dazu hast.

Es gibt gewisse grundlegende Dinge, an die du denken solltest. Für gute Schlussfolgerungen musst du mit guten Vergleichen kommen: Du solltest Unterschiede zu und Ähnlichkeiten mit anderen Phänomenen erkennen. Wenn du zu schreiben beginnst, werden diese Dinge für gewöhnlich zunehmend klarer. Es ist aber auch gut, bereits vor dem Schreiben darüber nachzudenken, welche Haltung du zum Thema einnimmst.

Erstelle ich als Arzt bei einem Patienten mit bestimmten Symptomen eine Diagnose, kann ich das, weil ich mich so tief in die menschliche Biologie und Krankheitslehre eingelesen habe, dass ich wirklich etwas von meinem Fach verstehe. Deshalb kann ich verschiedene Symptome mit verschiedenen Krankheiten verbinden, Vergleiche mit anderen Patienten anstellen und sehen, wie ihre Symptome einander gleichen oder wie sie sich voneinander unterscheiden. Hast du dein Thema wirklich verstanden, kannst du dasselbe machen. Du kannst eine Diagnose zum Thema stellen. Du kannst Dinge miteinander in Verbindung bringen und Vergleiche anstellen. Schreibst du über Autos, vergleichst du sie vielleicht mit Flugzeugen. Schreibst du eine Arbeit über die Filmkultur in den 1940er-Jahren, beschreibst du vielleicht die Unterschiede und Übereinstimmungen derselben zu beziehungsweise mit der heutigen Filmkultur. Erörtere positive und negative Aspekte und wie etwas die Gesellschaft beeinflussen wird. Denk darüber nach, was deiner Meinung nach in Zukunft verbessert werden kann oder was passieren könnte, wenn die Voraussetzungen anders wären. Sei ein Visionär. Hafte nicht an dem, was ist. *Think outside the box!*

_ Die Methode für Referate und Präsentationen

Beinah in allen Fächern auf dem Gymnasium werden heute auch Referate oder Präsentationen gefordert. Das Schwierige an Referaten und Präsentationen ist die Psychologie dahinter. Viele finden es peinlich, vor anderen zu sprechen. Gegen diese Phobie gibt es ein Heilmittel – Training! Genau wie bei anderen Formen der Phobie gilt es, sich dem auszusetzen, wovor man sich fürchtet. Denk auch daran, dass du dich am besten bei dem Thema auskennst, worüber du berichtest. Sogar wenn es dir passiert, dass du etwas Falsches sagst, wird das wahrscheinlich gar niemandem auffallen. Mit der Zeit lernst du außerdem deine Klassenkameraden immer besser kennen, womit auch das Lampenfieber abnimmt. Wenn du so große Probleme damit hast, dass du dich trotzdem nicht traust, kannst du ein Trainingsprogramm aus einem Selbsthilfebuch über soziale Phobien machen oder dich an einen geprüften kognitiven Verhaltenstherapeuten wenden.

_ Die Präsentations-Methode Schritt für Schritt

SCHRITT 1 *Überwinde dein Lampenfieber. Die meisten Menschen sind zuerst einmal nervös, aber sie wissen auch, dass die Nervosität üblicherweise rasch abnimmt, wenn man einmal begonnen hat. Bereite dich geistig vor und sprich, auch wenn du dich dabei unbehaglich fühlst. Es wird mit jedem Mal leichter gehen. Am Ende wirst du es vielleicht sogar lieben!*

SCHRITT 2 *Lies dich in das Thema ein, über das du sprechen sollst. Ein guter Sprecher beherrscht sein Thema! Jeder kann Fehler machen, vielleicht sagst du etwas Falsches oder verlierst den Faden, aber wenn du dein Thema beherrscht, merkt man das nicht.*

SCHRITT 3 *Strukturiere alle Fakten. Setze deine Rede so auf, dass du deinen Zuhörern zuerst sagst, worüber du sprechen und welche Punkte du dabei aufgreifen wirst. Du solltest auch immer sagen, wenn du von einem Punkt zu einem anderen wechselst. Erkundige dich, ob alle mitgekommen sind und ob es Fragen gibt. Leg gerne eine Fragenrunde ein zum Schluss.*

SCHRITT 4 *Mach die Präsentation visuell. Es ist besser, wenn man auch Bilder, Aufstellungen, Diagramme, Listen oder Gegenstände zeigt. Zeige auch mit Hilfe von Überblicksdarstellungen, wie deine Rede strukturiert ist, entweder in einer Powerpoint-Präsentation auf dem Computer oder auf einem Overheadbild. Gib dabei immer folgende Punkte an:*

- *Titel des Themas,*
- *deinen Namen, deine Klasse und Schule*
- *Einleitung*
- *Alle Punkte, auf die du eingehst*

- *Abschluss*
- *Fragen*
- *Dank*

SCHRITT 5 *Übe deine Rede. Je mehr du übst, desto besser. Übe vor dem Spiegel oder nimm dich selbst auf, zum Beispiel mit der Webcam des Computers. Du solltest so oft üben, dass du alles kannst, ohne in deine Unterlagen sehen zu müssen.*

SCHRITT 6 *Übe deine Rede vor anderen, vielleicht deinem Geschwister- oder Elternteil oder vor einem Freund. Bitte deine Zuhörer, kritisch zu sein und dir alles zu sagen, was du besser machen kannst.*

SCHRITT 7 *Nun bist du bereit, dich vorne hinzustellen und deine Präsentation zu machen. Nimm dein Powerpoint-Dokument als Stütze oder mach dir einen kleinen Stichwortzettel. Zieh dich gut an. Wenn du dann nach vorne gehst, solltest du möglichst selbstsicher aussehen. Sei ernsthaft und konzentriert, aber lächle ruhig ein wenig, damit du nicht zu steif wirkst. Wenn dich jemand direkt anschaut, um dich abzulenken, schaust du zurück und hältst den Blick einen Moment. Das ist die beste Art, eventuelle negative Energien von Zuhörern zu überwinden. Warte, bis es leise wird, stell dich vor und kündige an, worüber du sprechen wirst. Erkläre, wie du deine Rede anlegst. Zum Beispiel: »Mein Name ist Raman Mehrzad und ich werde jetzt über Verkühlungen sprechen. Ich werde zuerst ein wenig allgemein durchgehen, was eine Verkühlung ist und wie sie entsteht. Danach werde ich erzählen, wie du Verkühlungen entgegenwirken kannst und was du tun kannst, wenn das Fieber bereits da ist. Zum Abschluss zeige ich einen Film, wie es im Körper aussehen kann, wenn er von Organismen angegriffen wird, und wie die Immunabwehr uns schützt. Ich werde mit einer Fragenrunde abschließen, aber ihr könnt gerne auch schon zwischendurch Fragen stellen.«*

Während du dein Referat fortsetzt, solltest du an folgende Punkte denken:

BLICK *Du solltest während der gesamten Präsentation ins Publikum, zu deinen Klassenkollegen, schauen. Sieh ihnen direkt in die Augen, schau aber nicht die ganze Zeit ein und dieselbe Person an. Blicke nicht hinunter auf deinen Zettel und nicht auf den Boden. Versuche, in deinem Blick sicher auszusehen, und wechsle ihn ab, indem du jedes Mal, wenn du mit einem neuen Satz beginnst, von der einen Seite auf die andere blickst.*

SPRACHE *Variiere deine Sprache und deine Stimme. Das Gehirn reagiert empfindlich auf Frequenz-Veränderungen. Wenn etwas kontinuierlich verändert wird, wird dadurch die Aufmerksamkeit deiner Zuhörer erhöht. Hältst du stets dieselbe Stimmlage und dasselbe Sprechtempo, wird es schnell monoton und es besteht* *das Risiko, dass die Aufmerksamkeit der Zuhörer sinkt. Betone manche Worte oder Sätze stärker. Sprich niemals leise oder undeutlich.*

KÖRPERSPRACHE *Wenn du sprichst, solltest du darauf achten, so viel Körpersprache wie möglich zu haben. Gestikuliere mit den Händen, bewege Körper und Kopf. Setz dich nicht hin, sondern geh lieber ein wenig in ruhigem Tempo herum.*

CHARME *Achte darauf, Augenkontakt mit den Zuhörern zu halten, und frag ruhig: »Könnt ihr mir folgen?« Tu Dinge, die das Interesse und die Aufmerksamkeit des Publikums wecken. Sprich mit Gefühl, Begeisterung, Charme und Charisma. Versuche so auszusehen, als ob du es wirklich mögen würdest, dort vorne zu stehen, und als ob du für das brennen würdest, wovon du sprichst.*

ENGAGEMENT *Engagiere deine Zuhörer. Stell einfache Fragen, die das Publikum dazu bringen, dir zu folgen, zum Beispiel: »Wie viele von euch haben schon einmal ein Buch dieser Autorin gelesen?« Bitte das Publikum ruhig, dir bei etwas behilflich zu sein, oder mach ein Experiment. Es kann vielleicht jemand herauskommen und dir eine Sache halten, wenn du etwas demonstrieren willst. Teil Mini-Übungen aus. Beispielsweise kannst du ihnen ein Thema geben, das sie zwei Minuten lang diskutieren sollen. Oder bitte sie, eine Übung auszuprobieren, die du gezeigt hast. Du kannst auch etwas mitbringen, wie das Buch, von dem du berichtest. Vielleicht gibt es einen Film, den du zeigen kannst, oder einen Videoclip, der dein Thema lebendig macht und Interesse weckt.*

ÜBERRASCHUNGSMOMENT *Ein guter Vortragender kann das langweiligste Thema bekommen und trotzdem superfaszinierend sein, weil er sein Publikum überrascht. Stampf auf den Boden, klatsch in die Hände oder mach bewusst eine Pause. Einmal hatte ich lose Süßigkeiten mit und warf denen, die meine Fragen richtig beantworteten, etwas davon als Belohnung zu. Ein andermal, als ich über Ecuador vortragen sollte und es gerade einen populären Song gab, der stets den Namen »Ecuador« wiederholte, verwendete ich den Song als Hintergrundmusik.*

HUMOR *Bringst du das Publikum zum Lachen, hast du gewonnen. Die besten Scherze sind die, die sich auf das Thema oder etwas Alltägliches beziehen. Übe zu Hause und überlege dir ein paar lustige Scherze, die die Stimmung auflockern und die Aufmerksamkeit des Publikums wecken könnten.*

EINLEITUNG UND ABSCHLUSS *Gestalte die Einleitung so, dass du wirklich das Interesse deines Publikums weckst. Nimm Platz auf der »Bühne« und zeige deutlich, dass das, worüber du berichten wirst, super interessant ist. Fragen zu stellen ist immer gut. Als Abschluss kannst du deinen Vortrag mit einem Scherz oder einer klugen, pfiffigen Formulierung abrunden. Lass das Publikum auch Fragen stellen.*

_ Mehr über die Präsentations-Methode

Drei Dinge sind wesentlich: das Lampenfieber durch Üben überwinden, mit dem Thema vertraut sein, es interessant präsentieren. Mit diesen drei Dingen im Gepäck wirst du ein fantastischer Redner werden! Die Mehrheit deiner Klassenkameraden wird sicher nicht super gut sein. Du solltest daher das Muster durchbrechen und zusehen, dass es lustig und spannend wird, dir zuzuhören. Alle Themen lassen sich interessant machen, wenn man nur ein bisschen kreativ ist.

_ Die Methode für das Erlernen von Sprachen

Sprachen werden einen großen Teil deiner Fächer und damit deiner Schulnoten ausmachen. Es wird aufgrund der Globalisierung der Wirtschaft immer wichtiger, mehrere Sprachen möglichst gut zu beherrschen. Schon in Hinblick auf deinen Traumjob ist es daher ganz wichtig, dass du eine gute Methode für das Sprachenlernen hast.

Manche Menschen sind interessiert an Sprachen, während andere lieber Mathe-Beispiele lösen. Das hängt oft damit zusammen, wie leicht man Sprachen lernt.

Falls du das schwierig findest, habe ich eine gute Nachricht für dich: Jeder kann gut sein in Sprachen! Du musst nur am Anfang einiges an Energie aufwenden, um die Grundzüge der Grammatik und gängige Wendungen zu lernen und dir einen einigermaßen großen und passenden Wortschatz anzueignen. Außerdem musst du die Sprache aktiv anwenden, um dich an Vokabel, Phrasen und Grammatik zu erinnern. Es ist daher wichtig, die Sprache regelmäßig zu hören und zu lesen. Die Mühe zahlt sich aus: Je mehr du lernst, desto mehr Spaß wird es dir machen!

Die Sprachen-Methode unterscheidet sich ein wenig von meinen anderen Methoden. Du musst viel Energie in das Erlernen der Sprache stecken, auch außerhalb des Unterrichts. Sieh dir Filme an, versuche mit Menschen zu reden, die die Sprache sprechen, schreib zur Übung und lies so viel wie möglich in der Sprache, die du lernen sollst.

Die meisten Sprachfächer haben eine Mischung aus Prüfungen, Aufsätzen, Referaten und schriftlichen Arbeiten. Eine Prüfung in einem Sprachfach zu machen bedeutet oft, Fragen zu beantworten. Dafür kannst du zusätzlich die Fakten-Methode anwenden. Wie du mündliche Auftritte hältst, hast du bereits in der Präsentations-Methode gelernt. Wie du schriftliche Arbeiten verfasst, habe ich dir in der Abgabe-Arbeiten-Methode gezeigt. Du hast also schon die meisten Methoden, die deine Sprachfächer abdecken. Aber die Sprachen-Methode komplettiert diese Methoden.

_ Die Sprachen-Methode Schritt für Schritt

SCHRITT 1 *Geh in die Bibliothek und leih dir drei Bücher in der Sprache aus, die du lernen sollst. Bitte einen Bibliothekar, dir zu helfen, ein einfaches, ein mittelschweres und ein schwieriges Buch in dieser Sprache auszuwählen.*

SCHRITT 2 *Lies zuerst das einfache Buch. Plane die Anzahl der Seiten, die du pro Tag lesen willst, so in deiner allgemeinen Tagesplanung ein, dass du es schaffst, das Buch innerhalb einer Woche auszulesen. Wenn du liest, solltest du dir unbekannte Wörter aufschreiben und sie übersetzen. Schreib dir auch auf, in welchem Zusammenhang ein Wort vorgekommen ist, damit du ein Verständnis für seine Anwendung bekommst.*

SCHRITT 3 *Merke dir alle Wörter, die du aufgeschrieben hast, ihre Übersetzung und den Zusammenhang, in dem sie vorgekommen sind. Wenn du fertig bist mit Schritt 3, wird sich dein Wortschatz um zirka einhundert bis dreihundert Wörter erweitert haben. Vielleicht sogar mehr, abhängig davon, um welches Buch es sich handelt und welche Grundkenntnisse du am Anfang hattest.*

SCHRITT 4 *Lies das mittelschwere Buch. Auf dieselbe Weise wie in Schritt 2 schreibst du dir Wörter auf, die du nicht verstehst, übersetzt sie und notierst, in welchem Zusammenhang sie angewendet werden.*

SCHRITT 5 *Lerne die Wörter und Phrasen, die du aufgeschrieben hast, sowohl vom einfachen als auch vom mittel-*

schweren Buch, und versuche zu verstehen, in welchem Zusammenhang sie angewendet werden. Während dieses Schrittes wird die Erinnerung an die früheren Wörter, die du in Schritt 3 gelernt hast, verstärkt, während du gleichzeitig neue Wörter übst. Wenn du mit Schritt 5 fertig bist, wirst du deinen Wortschatz um weitere zirka zweihundert bis vierhundert Wörter erweitert haben.

SCHRITT 6 *Memoriere die Wörter aus dem einfachen und dem mittelschweren Buch noch einmal.*

SCHRITT 7 *Lies das schwierige Buch. Schreib die Wörter, die du nicht verstehst, und ihre Übersetzung auf und notiere dir, in welchem Zusammenhang oder welchem Sinn das jeweilige Wort angewendet wird.*

SCHRITT 8 *Merke dir alle Wörter und Phrasen, die du aus dem schwierigen Buch aufgeschrieben hast, und versuche zu verstehen, wie sie angewendet werden.*

SCHRITT 9 *Wiederhole alle Wörter vom einfachen, mittelschweren und schwierigen Buch ein weiteres Mal. Bis zu Schritt 9 zu gelangen kann einige Wochen dauern, die Arbeit sollte sorgfältig eingeplant werden. Wichtig ist, dass du keine größeren Unterbrechungen machst. Um eine Sprache zu lernen, muss dein Gehirn intensiv viele Fakten aufnehmen – es wandelt Wörter der neuen Sprache in einem komplexen Prozess in deine Hauptsprache um. Es bietet sich an, diese Übung beispielsweise während der Sommerferien zu machen.*

SCHRITT 10 *Sieh dir einen oder zwei Filme pro Woche in der entsprechenden Sprache an. Wähle Filme ohne Untertitel. Auf diese Weise wirst du hören, wie die Menschen sprechen und verschiedene Ausdrücke anwenden. Filme sind auch gut, weil du da das Nützliche mit dem Angenehmen verbinden kannst. Du ruhst dich aus und lernst zugleich!*

SCHRITT 11 *Hör dir Musik in der entsprechenden Sprache an. Am Weg zur und von der Schule oder zum Sport ist die perfekte Gelegenheit, Musik zu hören. Dabei wirst du Wörter wiederholen, die du bereits früher gelernt hast, und sie in neue Zusammenhänge bringen. Wenn du einen Song magst, willst du dir vielleicht auch den Text ansehen, Wörter nachschlagen und sie selbst in anderem Zusammenhang anwenden. Songtexte findest du meist im Internet.*

_ Mehr über die Sprachen-Methode

Lies also viele Bücher, sieh dir Filme an, sieh fern und hör dir eine Menge Musik in der entsprechenden Sprache an.

Wenn du jeden Abend, bevor du einschläfst, ein paar Seiten in einem Buch in der Fremdsprache liest, wird das eine Autobahn zum 1er-Kurs werden. Menschen, die daran gewöhnt sind, in anderen Sprachen zu lesen, denken kaum daran, dass das nicht ihre Muttersprache ist. Dorthin willst du gelangen!

Es ist natürlich auch gut, in das Land zu fahren, in dem die Sprache gesprochen wird, die du lernen sollst. Dort musst du mit dieser Sprache zurechtzukommen. Du wirst mit Leuten reden, hören, wie sie sprechen, Aufschriften auf Schildern und Plakaten lesen und zu einem völlig neuen Niveau aufsteigen. Es gibt auch die Möglichkeit einer organisierten Sprachreise.

In deinen Sprachfächern wirst du außerdem lernen, wie du verschiedene Textsorten verfasst und du wirst Übungen dafür bekommen. Das kann zum Beispiel sein, dass du einen Bericht schreiben lernen sollst, eine Erzählung oder eine Buchbesprechung. Schreiben wird einen großen Teil deiner Sprachfächer ausmachen. Es gibt es einige Dinge, an die du bei Schreibaufträgen denken solltest:

BEFOLGE ALLE REGELN

Du wirst informiert, wie du einen bestimmten Schreibauftrag erfüllen sollst. Sollst du lernen, einen Bericht zu schreiben, wird alles in deinem Buch stehen und der Lehrer wird es durchnehmen. Diese Ratschläge solltest du dir zu Herzen nehmen, da sich deine Note sowohl aus deiner Sprache als auch daraus zusammensetzt, wie gut du die Regeln für eine bestimmte Art von Schreibaufträgen erfüllst.

VARIIERE DEINE SPRACHE

Variiere deine Sätze und verwende eine reiche Sprache, damit dein Lehrer sieht, was du kannst. Schreib nicht eintönig! Das verschlechtert nicht nur deine Note, es ist auch langweilig zu lesen. Beginne deine Sätze nicht jedes Mal gleich, sondern variiere, indem du sie auf verschiedene Weise einleitest.

SCHREIB LEBENDIG

Eine Erzählung zu schreiben ist nicht schwer, wenn du alle Regeln dafür gelernt hast. Das Schwierige ist, lebendig zu schreiben. Du solltest zum Beispiel nie schreiben, dass etwas »schön« ist. Beschreibe stattdessen in Bildern, was passiert und wie etwas aussieht, dann lässt du den Leser selbst entscheiden, ob etwas groß, klein, schön, hässlich, klug, dumm und so weiter ist. Statt eigene Urteile über Gegenstände abzugeben, versuchst du, sie eingehend und detailreich zu beschreiben. Vergleiche diese beiden Beispiele:

»Der Bursch, der aus der Tür kam, sah hässlich und dick aus«

und

»Der Mann trat auf die Veranda. Sein schwerer Atem und seine schlurfenden Schritte waren deutlich zu hören. Einer der Hemdknöpfe über seinem prallen Wanst war abgerissen und der graue Bart war so üppig, dass kaum etwas von seinem Gesicht dahinter zu erahnen war.«

Für Einsen in Sprachfächern, musst du die Sprache auch gut sprechen können. Versuche dir einzuprägen, wie die Wörter ausgesprochen werden und bemühe dich, sie möglichst akzentfrei zu sprechen. Achte auf die Grammatik. Sei aktiv im Unterricht, diskutiere und debattiere mit dem Lehrer und der Klasse, wann immer sich die Gelegenheit bietet. Das zeigt, dass du wirklich interessiert bist und dass du die Sprache so weit beherrscht, dass du selbstsicher vor der Klasse sprechen kannst. Sei kritisch und stell Fragen, komm mit eigenen Gedankengängen und Ansichten.

_ Die Methode für das Erlernen praktischer Fähigkeiten

Bis man etwas richtig gut kann, muss man es immer und immer wieder machen. Ein Zahnarzt weiß, dass er die Wurzelbehandlung nach hundert durchgeführten Behandlungen wirklich gut kann. Eine Chirurgin weiß, dass sie eine Blinddarmoperation beinah im Schlaf beherrscht, wenn sie sie bereits zweihundert Mal gemacht hat. Bevor man einen Blinddarm operiert oder eine Wurzelbehandlung vornimmt, braucht man aber theoretisches Wissen. Wie auch bei jeder praktischen Tätigkeit im Rahmen einer Leistungsüberprüfung. Wenn du die Theorie erst einmal kannst, beginnst du, in der Praxis zu üben. Im Unterricht wirst du Verschiedenes vorgeführt bekommen, das du sorgfältig beachten und analysieren solltest, denn es zeigt dir ganz genau, wie du vorgehen sollst.

_ Die Praxis-Methode Schritt für Schritt

SCHRITT 1 *Sei aufmerksam, wenn der Lehrer vorzeigt, wie du etwas machen sollst. Hör genau zu, schreib Stichworte auf, notiere jeden einzelnen Schritt. Du solltest nie eine Demonstration versäumen und glauben, du könntest dir das selbst beibringen. Meist kannst du lernen, wie etwas in der Theorie funktioniert. Aber du wirst nie exakt wissen, wie du es in der Praxis umsetzt, bevor du es nicht gesehen hast.*

SCHRITT 2 *Lies dich in die Theorie ein. Es geht darum, die Theorie hinter der praktischen Tätigkeit zu verstehen. Versuche nachzuvollziehen, warum etwas gerade so funktioniert. Denk drüber nach, warum etwas gerade in dieser Reihenfolge geschieht. Versuch die Folgen und das Ergebnis zu verstehen.*

SCHRITT 3 *Übe. Mach es Schritt für Schritt und lass dir Zeit damit. Versuch bei jedem Schritt, an die Theorie zu denken. Handelt es sich um mehrere komplexe Schritte, schau ruhig in deinen Aufzeichnungen nach, ob alles richtig vor sich geht. Sieh zu, dass du die Handgriffe im kleinen Finger hast, ohne dass du in deine Aufzeichnungen schauen musst.*

SCHRITT 4 *Lies die Theorie noch einmal. Es ist wichtig, die Theorie sowohl vorher als auch nachher zu lesen, wenn du das Praktische bereits beherrscht. Wenn du eine praktische Tätigkeit erst einmal ausführen kannst, verstehst du die Theorie erst wirklich, dann sitzt sie auch.*

SCHRITT 5 *Schreib dir Fragen auf, geh damit zu deinem Lehrer. Denk nie: »Ach, das kommt sicher nicht zur praktischen Prüfung!« Warte aber mit den Fragen, bis du zu dem jeweiligen Schritt gekommen bist. Erst dann kannst du intelligente und adäquate Fragen stellen, die dir wirklich helfen.*

SCHRITT 6 *Übe erneut in der Praxis, Schritt für Schritt. Versuche jetzt, den nächsten Schritt vorauszusehen. Du solltest üben, bis sich die Ausführung natürlich und selbstverständlich anfühlt.*

SCHRITT 7 *Bring die praktische Übung jemandem anderen bei, einem Schulkollegen, einem Elternteil oder jemandem anderen, der zuhört und einfache Fragen stellen kann. Zeig ihm ganz genau, wie jeder einzelne Schritt geht, und warum. Wenn du das ein paarmal gemacht hast, wirst du das Gelernte vermitteln können. Du kannst das dann auch ganz selbstsicher bei der Prüfung.*

SCHRITT 8 *Lies noch ein letztes Mal in der Theorie. Wenn du weißt, dass du zur Prüfung auch theoretische Fragen bekommst, wendest du die Fakten-Methode an.*

_ Mehr über die Praxis-Methode

Bei der praktischen Prüfung will dein Lehrer sehen, dass du selbstständig bist und die praktische Tätigkeit sicher und einfach ausführen kannst. Er will kein Zögern oder irgendwelche Pausen sehen. Du solltest in der Theorie beschlagen sein, falls Fragen kommen. Ganz genauso wie du weißt, wie du die Zähne putzt oder am Computer schreibst, solltest du wissen, wie man die praktische Tätigkeit ausführt. Es sollte also wie am Schnürchen klappen.

_ Die Methode für den Sport

Viele Schüler sagen, dass sie in allen Fächern gut sind, nur nicht im Sport. Manche finden es sogar schwerer, im Sport eine Eins zu bekommen als zum Beispiel in Mathe oder Physik. Wenn du dich darin wiedererkennst, solltest du die Sport-Methode anwenden.

Du musst kein Star in allen Sportarten von Ballsport über Leichtathletik bis Schwimmen sein. Der zentrale Punkt ist deine eigene Entwicklung. Es wird nicht von dir erwartet, dass du gleich beim ersten Üben 1,80 Meter im Hochsprung hinlegst. Aber wenn du am Anfang des Semesters einen Meter hoch springst, solltest du nach sechs Monaten 1,10 Meter bis 1,20 Meter hoch springen können. Wenn du im Fußball nie ein Tor schießt, solltest du zumindest zeigen, dass du an dir arbeitest. Am Ende des Schuljahres kannst du dann vielleicht zumindest ein Tor schießen und einige Pässe annehmen und das Spiel ein wenig besser verstehen. Verstehst du den Punkt? Es gilt also, zu trainieren. Hast du keine gute Kondition, musst du vor dem Konditionstest einige Wochen Bewegung machen. Bist du kein Star im Ballsport, holst du dir ein paar Freunde und beginnst, Ball zu spielen. Nichts ist umsonst.

Meist gibt es eine gewisse Anzahl von Sportarten beziehungsweise Elementen, die im Fach Sport beurteilt werden:

- Ballsport
- Leichtathletik
- Kondition
- Schwimmen
- Sporttheorie
- Teamgeist und Sportlichkeit
- Sonstiges

Innerhalb dieser Zweige gibt es Kriterien für die Note Eins. Mit Ausnahme von Sporttheorie, bei der es sich um normales Lernen handelt, basieren die meisten Kriterien auf deiner eigenen Entwicklung in einer bestimmten Sportart.

_ Die Sport-Methode Schritt für Schritt

1. Ballsport

SCHRITT 1 *Fang an, auf eigene Faust Fußball und Basketball zu trainieren. Versuch, Kontrolle über den Fußball zu erlangen, während du läufst. Versuche, ihn jedes Mal, wenn er weiterrollen soll, nicht so weit von dir wegzuschießen. Erlang die Kontrolle darüber, wie viel Kraft du dem Ball geben musst, damit er einfach nur mit dir mit rollt, wenn du läufst. Dribble und schieß während du läufst.*

SCHRITT 2 *Schieß den Fußball in verschiedene Richtungen. Schau auf den Ball und versuch ihn dir als »Würfel« vorzustellen. Probier dann aus, deinen Fuß an allen Flächen anzusetzen beim Schießen, und sieh dir an, welches Ergebnis du erhältst. Lerne, wie du mit einer bestimmten Platzierung deines Fußes beim Schießen ein bestimmtes Ergebnis erzielst. Schieß fest und schieß leicht. Versuche, auf diese Weise zu lernen, einen Ball mit einer bestimmten Fußplatzierung in Verbindung mit einer bestimmten Kraft auf den Ball dorthin zu bringen, wo du willst, und passe das Zielen daran an.*

Mit dem Basketball versuchst du zu zielen und direkt in den Korb zu werfen. Übe viel und gestalte das Zielen so, dass du verstehst, wie du deine Hand im Verhältnis zum Ball platzieren musst, und gleichzeitig mit welcher Kraft der Ball geworfen werden muss.

SCHRITT 3 *Lerne jonglieren. Beim ersten Mal, wenn du versuchst, mit einem Fußball zu jonglieren, wird es überhaupt nicht gut gehen. Aber genau wie bei allem anderen wirst du mit dem Üben besser. Ich konnte am Anfang kaum mehr als zwei- bis dreimal jonglieren, aber zum Schluss konnte ich es beinah beliebig lang. Dank des Trainings der Ballkontrolle, bei dem dein Kleinhirn ständig damit beschäftigt ist, die Koordination hinzubekommen.*

SCHRITT 4 *Übe das Dribbeln. Geh ins Internet und such dir verschiedene Videos mit Fußball- und Basketballspielern.*

Dort wirst du eine Menge verschiedener Arten des Fintenspielens und Dribbelns finden. Sieh sie dir genau an, geh dann hinaus und versuche es nachzumachen.

SCHRITT 5 *Trainiere das Passen mit einem Freund. Spielt euch den Ball gegenseitig zu. Versuche dabei, deine Pässe unter Kontrolle zu bringen, sowohl wenn du annimmst als auch wenn du selbst passt. Du entwickelst Ballkontrolle.*

SCHRITT 6 *Wiederhole diese Schritte zwei- bis sechsmal im Monat, abhängig davon, wie viel Training du brauchst. Frag ruhig auch Freunde oder andere, die gut im Ballsport sind, um Tipps oder Ratschläge.*

2. Leichtathletik und Kondition

Beispiele für die Disziplinen, die du trainieren musst, sind:

- Weitsprung
- Hochsprung
- Ballwurf
- Kugelstoßen
- 60 bis 100 Meter Sprint
- 200 bis 800 Meter Laufen

Bei Leichtathletik geht es zu einem großen Teil um Vorarbeit, das heißt darum, deine Muskeln im Körper aufzubauen, während du gleichzeitig die Kondition trainierst. Wenn du das mehrere Wochen lang machst, wirst du dich in allen Disziplinen verbessern.

SCHRITT 1 *Geh einmal in der Woche zu einer Leichtathletik-Anlage und trainiere Weitsprung und Hochsprung. Versuche zu springen, sooft du kannst, dann bekommst du die Technik. Führe ein Trainingstagebuch und notiere dir alle Ergebnisse in den einzelnen Disziplinen.*

SCHRITT 2 *Bau deine Muskeln und deine Kondition auf. Klimmzüge, Sit-ups und Hanteltraining kannst du zu Hause machen. Für die Beine ist Stiegensteigen gut. Du kannst auch zwei- bis viermal pro Woche im Fitnessstudio trainieren, je nachdem, wie viel Zeit du hast. Versuche beim Laufen, einmal in der Woche zirka zwanzig bis dreißig Minuten Intervalltraining zu machen und einmal in der Woche ein paar Kilometer normales Lauftraining.*

SCHRITT 3 *Trainiere die verschiedenen Leichtathletik-Disziplinen kontinuierlich, um die Form zu halten.*

3. Schwimmen

SCHRITT 1 *Schwimme ein paarmal im Monat. Übe sowohl Brustschwimmen als auch Rückenschwimmen und Kraulen. Schwimme einhundert bis dreihundert Meter in jedem Schwimmstil und wechsle danach ab.*

SCHRITT 2 *Erweitere auf fünfhundert Meter Schwimmen in jedem Schwimmstil. Stoppe nun auch die Zeit, sieh dir an, wie schnell du schwimmst, und versuche, deine Zeit jedes Mal zu verbessern.*

4. Sporttheorie

Manchmal setzt dein Sportlehrer eine Prüfung an, um deine theoretischen Sportkenntnisse festzustellen. Dann bekommst du meist ein Buch oder Informationen darüber, welche Seiten oder was du lernen sollst. Um eine Eins auf diese Prüfung zu bekommen, wendest du die Fakten-Methode an.

5. Teamgeist und Sportlichkeit

Zeig, dass du ein »Team-Player« bist. Sei nett zu deinen Schulkollegen, während des Unterrichts in den verschiedenen Disziplinen. Versuche mitzuhelfen, deinen Klassenkameraden Sportarten beizubringen, in denen sie sich schwer tun. Achte beim Mannschaftssport darauf, beim Passen großzügig zu sein und alle ins Spiel mit einzubeziehen. Sei fair und halt dich an die Spielregeln. Verhält sich ein Schulkollege falsch, solltest du das immer auf freundliche Art sagen. Versuche bei Streit zu vermitteln. Erinnere deine Kameraden daran, dass es nur ein Spiel und nichts Persönliches ist. Sei engagiert. Lauf dem Ball nach, kämpfe und sei konzentriert. Behalte deine Konzentration während des gesamten Unterrichts. Hilf dem Sportlehrer bei Dingen, bei denen er Hilfe brauchen könnte, oder wenn er darum bittet.

_ Mehr über die Sport-Methode

Wenn du nicht besonders gut bist im Sport, solltest du dir deine maximalen Ressourcen bis zur Mitte oder zum Schluss des Schuljahres aufheben. Hast du einmal mit einem Intensiv-Training angefangen, so wie ich es beschrieben habe, solltest du laufend besser werden. Der Unterschied zwischen deinem Startniveau und deinem Endniveau wird größer.

Bist du dagegen wirklich gut im Sport, kannst du schon von Anfang an alles geben, da sich deine Ergebnisse wahrscheinlich sowieso von Beginn an auf hohem Niveau befinden. Achte nur darauf, dich nicht zu verschlechtern. Hast du einen schlechten Tag mit schlechteren Ergebnissen, siehst du zu, dass du dich das nächste Mal besser anstellst. Geh in alle Unterrichtsstunden, versäume nicht eine einzige Trainingseinheit. Wenn ihr Wettkämpfe oder Turniere in der Schule habt, solltest du unbedingt dabei sein.

Wie du siehst, kannst du erheblich besser werden im Sport. Eine Eins im Sport zu bekommen ist eigentlich nicht schwer, du musst nur trainieren. Bist du nicht gut im Fußball, trainier Fußball. Kannst du nicht weit springen, übe den Weitsprung, bis du es immer weiter schaffst. Hast du keine gute Kondition, fang an, mehrmals pro Woche Bewegung zu machen. Alles, was notwendig ist, ist also ein wenig körperliche Aktivität. Gleichzeitig erweist du auch deinem Körper einen Dienst: Bewegung sollte, wie ich schon mehrfach geschrieben habe, selbstverständlich sein.

Nachwort

Ich hoffe, dass du jetzt verstehst, wie wichtig es ist, in der Schule gute Noten zu bekommen, und wie deine Noten deine Zukunft beeinflussen werden. Es wird Zeit, Ehrgeiz und viel Kraft von deiner Seite nötig sein. Aber ich hoffe auch, dass du wirklich verstanden hast, dass es das wert ist! An dem Tag, an dem du lächeln und stolz darauf sein wirst, was du erreicht hast, wenn du beruflich das machst, was du willst, und eine erfüllte Freizeit hast – an dem Tag wirst du dir selbst für all die Schinderei in der Schulzeit danken.

Jetzt, nachdem du mein Buch gelesen hast, hast du alles, was du brauchst, um nur Einsen im Abschlusszeugnis zu haben. Wenn du meinen Prinzipien folgst und bereit bist, dich wirklich anzustrengen, brauchst du dir eigentlich keine Sorgen machen. Du weißt, wie du dich motivierst, wie du dein Lernen anlegst und planst und wie du bei der Prüfung die optimale Leistung bringst. Du hast ein Kriseninstrumentarium für Zeiten, in denen es eng wird. Du weißt, wie du mit deinen Lehrern und deinen Klassenkameraden umgehst. Außerdem hast du gelernt, dich um deinen Körper zu kümmern, mit Sport, der richtigen Ernährung und ausreichend Schlaf. Du hast Techniken bekommen, um dein Gedächtnis und deine Lernfähigkeit zu verbessern. Und nicht zuletzt hast du jetzt Lernmethoden, mit deren Hilfe du effektiv und strukturiert alles lernen kannst, was du lernen musst.

Ich hoffe, dass dich das anfeuern wird, bis du dein Ziel erreicht hast: Eine Eins in allen Fächern! Du bist es, der die Arbeit machen muss! Ich kann dir nur zeigen, wie es geht, und hoffen, dass du einsiehst, dass es wirklich all deine Mühe wert ist. Hast du dich entschieden, Erfolg in der Schule haben zu wollen, kann dich nichts mehr aufhalten, wie hart es auch wird. Fang also an! Geh und schaff dir das Leben, von dem du träumst!

?!

Für Fragen, Gedanken, private Konsultationen oder Vorträge kontaktiere mich unter:

raman.mehrzad@gmail.com

Für mehr Informationen über mich und E-Learning für Studenten besuche:

www.eLearningABCD.com
www.RamanMehrzad.com

&#

Folge mir auf:

- Facebook:

www.facebook.com/raman.mehrzad

- Twitter:

www.twitter.com/RamanMehrzad

- Instagram:

www.instagram.com/ramanmehrzad

- LinkedIn:

Raman Mehrzad

- Snapchat:

RamanMehrzad